BIG DAN

Pierre Danvoye
Daniel Van Buyten
Big Dan

Renaissance du Livre
Avenue du Château Jaco, 1 – 1410 Waterloo
www.renaissancedulivre.be

COUVERTURE : APLANOS
PHOTO DE COUVERTURE ET DE QUATRIÈME : © REPORTERS
MISE EN PAGES : CW DESIGN
IMPRIMERIE : V.D. (TEMSE)

ISBN : 978-2-507-05224-9
DÉPÔT LÉGAL : D/2014/12.763/27

Droits de traduction et de reproduction réservés pour tous pays.
Toute reproduction, même partielle, de cet ouvrage est strictement interdite.

PIERRE DANVOYE
DANIEL VAN BUYTEN

Big Dan

Table des matières

Préfaces	7
1/ Une autobiographie... Voici pourquoi	11
2/ Éduqué à la dure	15
3/ Charleroi, les débuts pros	29
4/ Ivic, un extraterrestre au Standard	39
5/ Premiers pas chez les Diables	47
6/ Écosse – Belgique 2001	53
7/ Marseille et les délires de Tapie	59
8/ Coupe du Monde 2002	69
9/ Sous-locataire de Keegan à Manchester	75
10/ Hambourg, découverte de la Bundesliga	83
11/ Bayern, le rêve d'une vie	89
12/ Visite guidée du monstre munichois	95
13/ AVC, soins intensifs, paralysie, fin du monde	103
14/ Ligue des Champions, finales et Cie	111
15/ 2012, 2013, 6 trophées	123
16/ Dix ans de galère avec les Diables	129
17/ Génération Wilmots	137
18/ Presse, amour et haine	145
19/ Vie privée	153
Annexe 1 Mes entraîneurs, leur palmarès	177
Annexe 2 Bio	183
Remerciements	185

Préfaces

Daniel Van Buyten m'a impressionné dès qu'il est arrivé chez les Diables Rouges, en 2001. En tant que capitaine, mon rôle consistait notamment à faciliter l'intégration des nouveaux joueurs. J'ai vu débarquer un garçon droit, correct, respectueux, à l'écoute. Il s'est installé dans le groupe sans faire de bruit, il a surtout observé dans un premier temps. J'ai connu des footballeurs qui se pointaient en voulant donner l'impression qu'ils savaient tout, qu'ils étaient plus malins que tout le monde. Rien de tout cela avec Daniel. Se prendre pour une star n'a jamais été son truc.

Dès nos premières rencontres, j'ai beaucoup parlé avec lui. J'ai vite compris qu'il avait une vraie culture sportive. Il m'a confié les secrets de son éducation, il m'a donné beaucoup de détails sur sa famille. C'est un émotif, un garçon extrêmement sensible.

Daniel a connu deux années fastes à ses débuts chez les Diables. Et il termine aujourd'hui sur deux années pleines. Pour le reste, l'équipe belge a surtout été un long chemin de croix pour lui ! Il y a eu le souci des résultats mais aussi des attaques parfois très virulentes dans la presse. Je peux comprendre : les types qui sont au-dessus de la montagne prennent plus de vent que ceux qui restent en bas ! Si tu as un nom et un palmarès, on te prend plus facilement pour cible. On attend énormément de toi. Il en a beaucoup souffert, c'est connu. Il aurait pu arrêter les frais, stopper sa carrière internationale. Il y a même pensé, il m'en a parlé, et j'aurais compris sa décision. Il avait tout dans ses clubs, et quand il revenait, il se faisait taper dessus. Mais il s'est chaque fois accroché, il est toujours parvenu à repartir vers l'avant. Il a joué un de ses matches les plus révélateurs en Turquie, en 2010, en marquant deux buts alors qu'il s'était fait descendre dans la presse trois jours plus tôt. C'était sa réponse. Cette réaction est typique de son caractère de battant, de sa volonté. Etre toujours en équipe nationale et dans un club comme le Bayern à 36 ans, ça n'a rien à voir avec le hasard.

Pendant la campagne qualificative pour la Coupe du Monde au Brésil, je savais que je pourrais compter sur lui aveuglément à tout moment. Il a assumé. Brillamment. C'est un profil rare pour un coach : un défenseur difficile à contourner qui marque des buts et qu'on peut carrément mettre devant en cas de besoin. On sait qu'il va toujours tout donner. Il aurait pu réussir dans n'importe quel championnat. Qu'on parle de lui en France ou en Angleterre, tous les commentaires seront positifs. Et ce qu'il a réussi en Allemagne est évidemment phénoménal. Il a trouvé là-bas la rigueur qui lui convenait, une société où tout est pro à l'extrême. Et le Bayern est ce qui se fait de mieux dans le monde. Arjen Robben est passé par Chelsea et le Real Madrid puis, une fois à Munich, il a dit qu'il ne voulait plus bouger. Ça résume bien les choses.

Marc Wilmots
Coach des Diables Rouges

Cette autobiographie est celle d'un homme très particulier et d'un sportif exceptionnel. En tant que président du conseil d'administration du Bayern Munich, je suis flatté d'avoir été sollicité pour la préfacer. Écrire quelques mots sur Daniel Van Buyten est un réel plaisir.

Le Bayern a transféré Daniel Van Buyten de Hambourg en 2006 après être tombé sous le charme de son excellent travail défensif et de ses qualités offensives au-dessus de la moyenne sur les corners et les coups francs. Sur chaque phase arrêtée, son jeu de tête est un danger pour l'adversaire. Mais il n'y a pas que sur le plan purement sportif que nous avons réalisé un excellent recrutement. Sur le plan humain aussi, Daniel Van Buyten a été un transfert parfaitement réussi. Il s'est directement intégré au Bayern. Le fait qu'il ait passé huit saisons dans le club qui a remporté le plus grand nombre de titres en Allemagne démontre que les deux parties étaient très satisfaites l'une de l'autre. Et donc que c'était un très bon choix, tant pour Daniel Van Buyten que pour le Bayern.

Daniel Van Buyten a toujours répondu à nos attentes, aux entraînements et dans les matches, par son engagement sans limite. En dehors du terrain aussi, son caractère exceptionnel nous a impressionnés. Et ce n'est pas un hasard s'il s'est toujours bien senti chez nous, à Munich, avec sa femme Céline et ses enfants. Le fait qu'il ait fait l'acquisition d'une maison aux portes de la ville confirme son attachement à la région. Nous avons été très heureux de faire un aussi long bout de chemin avec cet international belge et d'avoir pu célébrer autant de grands succès avec lui.

Indépendamment de ses talents de défenseur, Daniel Van Buyten m'a énormément impressionné par sa fiabilité, sa serviabilité et son grand cœur. Il a eu un grand mérite dans l'intégration de Franck Ribéry au Bayern et dans l'aide apportée à de nombreux jeunes talents repris dans notre noyau professionnel. Il remplit ce rôle d'intégration d'une manière exemplaire et le club lui en est grandement reconnaissant. Il fait tout simplement partie de la «Famille FC Bayern» et il en est un ambassadeur particulièrement sympathique.

Durant sa magnifique carrière, Daniel Van Buyten a presque tout gagné : la Coupe Intertoto, le championnat, la Coupe et la Supercoupe d'Allemagne, la Ligue des Champions, la Supercoupe d'Europe, la Coupe du Monde des clubs. Il faut y ajouter deux participations à la Coupe du Monde avec la Belgique. Je ne peux que le féliciter et lui souhaiter un avenir tout aussi brillant, sur le plan professionnel et dans sa vie privée.

Karl-Heinz Rummenigge
CEO du Bayern Munich

_ 01

Une autobiographie...
Voici pourquoi

> « Je tiens mon premier contrat pro, mon père m'attend, on s'enlace, on fond en larmes, on repense à toutes les moqueries de mon enfance »

Je roule. Charleroi – Froidchapelle. Un trajet d'une demi-heure. Je suis seul et je pleure. Impossible de me retenir. Trop d'émotion. Trop d'images de ma jeunesse qui défilent. Je viens de signer mon premier contrat pro. *Yes !* J'ai maintenant un métier : joueur de foot. Mon père m'attend. On s'enlace. On fond en larmes. On repense à toutes les moqueries de mon enfance. Tu peux avoir une grande carcasse, faire près de deux mètres, mais un tout petit cœur à l'intérieur. C'est bien moi, ça. Le football m'a plusieurs fois fait pleurer. Et cette scène qui remonte à la fin des années 90, je l'ai souvent revue.

Faire un livre, mon livre, j'y pense depuis longtemps. J'en rêvais, même. Une belle carrière mérite une bonne autobiographie, c'est la touche finale, la signature. Je veux expliquer tout ce que j'ai vécu. Et décrire ma fierté. Aujourd'hui, mon parcours se termine. Il est temps que je me confie. Comme je ne l'ai jamais fait. Temps que je sorte des souvenirs, des anecdotes que je n'ai jamais voulu révéler. Par pudeur, par timidité. Oui, Big Dan est un gars pudique et un grand timide, ça vous étonne ?... Je préférais attendre la fin de ma carrière pour tout raconter. Avoir du recul. Parce qu'on ne voit pas les choses de la même façon à 36 ans qu'à 25. J'ai les biographies de plusieurs légendes : Frank Leboeuf, Zinédine Zidane, David Beckham, Zlatan Ibrahimovic. Je ne les ai jamais lues ! Parce que j'avais ma propre bio en tête, et je ne voulais pas me laisser influencer. Je veux raconter mon histoire, je n'ai pas envie d'un copié-collé de Zizou ou de Zlatan. Ces bouquins sont donc dans un coin de ma bibliothèque, ils attendront… J'avais seulement commencé à feuilleter celui de Leboeuf, un pote de Marseille. Mais je ne suis pas allé bien loin. À ce moment-là, déjà, je me suis dit que je ne pouvais pas m'encombrer la tête avec l'histoire d'un autre joueur, je voulais partir d'une feuille blanche au moment de faire mon livre. Les aventures de Leboeuf et des autres, c'est pour plus tard. Mes lectures tourneront toujours autour du foot, je m'y intéresserai toute ma vie, il ne me lassera jamais. Je l'aimerai toujours autant, je resterai connecté.

Il y a une réflexion que je n'ai jamais supportée : «Tu as de la chance.» De la chance? Peu de gens sont conscients des efforts que j'ai faits, de tous mes sacrifices pour y arriver. Sans aucune garantie de percer. On ne m'a rien donné, je n'ai rien volé! Et je ne sais pas exactement quelle image je donne mais je crois qu'on me connaît assez mal. J'ai été choqué quand un gamin m'a dit : «Mais tu es sympa, toi, c'est fou. Ça fait des années que j'avais envie de venir te parler mais je n'ai jamais osé. Tu me faisais trop peur. Je me disais que tu devais être trop méchant et que le jour où tu aurais des enfants, ça n'allait pas être cool pour eux!» Quelle claque! Mais je peux comprendre. Je suis un solitaire, je ne vais pas spontanément vers les gens, je reste plutôt dans mon coin, j'ai souvent le regard songeur et concentré, je fronce facilement les sourcils et ma taille impressionne. On peut avoir l'impression que je regarde les gens de haut et que je n'ai rien d'un comique. Ceux qui me connaissent rigolent de cette réputation, moi aussi.

Le grand public connaît très mal les joueurs, ses idoles qu'il voit à la télé et dans les journaux. Si je dois citer un exemple frappant, je dirais Franck Ribéry, un ami. Si on lit la presse en France, en Belgique ou ailleurs, on a l'image d'un gars froid, inaccessible, qui ne parle à personne, qui s'isole dans sa petite bulle. En Allemagne, c'est déjà différent. Après ses problèmes extra-sportifs, le Bayern lui a conseillé de ne plus se cacher, de donner des interviews, de s'expliquer, de révéler sa vraie personnalité. Il l'a fait, il a joué le jeu à fond et les Allemands ont entre-temps compris qui est le vrai Ribéry : un type sensible, très famille, qui déconne beaucoup. Il accepte de parler, dans les journaux et les magazines, de son enfance dans un quartier sensible autour de Boulogne-sur-Mer, de ses galères, des moqueries qu'il a subies. Directement, ça le rend plus humain et c'est pour ça qu'on l'apprécie. Autant que pour ses qualités de footballeur.

L'image d'un joueur dépend en bonne partie de son comportement en dehors des terrains et de sa relation avec les médias. On peut tromper le public, dans les deux sens. Se faire passer pour X alors qu'on est Y, ou l'inverse, ce n'est pas très compliqué. Je pense à des anciens coéquipiers qui avaient une réputation parfaite mais n'avaient rien d'exceptionnel quand on les côtoyait tous les jours dans un vestiaire, qui étaient même plutôt distants et antipathiques. Il suffit de jouer un petit jeu avec les journalistes. Tu peux les manipuler. Tu vas vers eux, tu soignes le contact, tu es toujours sympa, tu les invites éventuellement au resto, tu fais passer tes idées, tu leur donnes les infos croustillantes qu'ils cherchent, tu es autant journaliste que footballeur, tu te mets en avant et tant pis si tu dois enfoncer d'autres personnes pour y arriver, ton agent fait aussi le boulot, tout est calculé et c'est tellement facile : c'est un petit business. Ça ne m'a jamais intéressé. Les interviews n'ont jamais été ma came ! Je n'en ai jamais eu besoin. Je sais seulement que ça fait partie du métier. Tout refuser, c'est dangereux. Impossible de faire une carrière sans parler à la presse. Parce que tu es sûr, alors, de l'avoir un jour sur le dos. Elle ne va pas te lâcher. On va écrire n'importe quoi sur ton compte, ils vont inventer ce qu'ils ne savent pas et ça va te donner du stress en plus. Je n'oublierai jamais le jour où on m'a démoli après un match avec les Diables Rouges, où on m'a traité de traître à la nation parce que j'avais commis une erreur qui avait amené un but pour l'adversaire : ma famille a été fort touchée, donc moi aussi. Je n'en ai pas dormi pendant plusieurs nuits. Je ruminais en pensant à la tristesse de mes parents.

J'ai fait ma carrière dans l'ombre, à la limite en me cachant, mais j'ai toujours collaboré avec les médias. Après un match, il y a les joueurs qui sortent du vestiaire le plus vite possible parce qu'ils savent que tous les journalistes vont ainsi se ruer sur eux. Comme ça, ils sont sûrs d'être à une bonne place dans les gazettes du lendemain ! Et il y a ceux qui ne viennent en zone d'interview qu'en toute fin de soirée, simplement pour se faire désirer. Ils sont certains aussi qu'on va s'intéresser à eux puisque tous les autres sont déjà partis... Je n'ai jamais fait ces calculs : je sortais quand j'étais prêt. Si on m'arrêtait, je répondais. Si personne ne m'appelait, c'était très bien aussi. Il y a pas mal de footballeurs qui ne se sentent pas bien du tout si on ne leur demande pas une réaction sur leur match. Ils ont l'impression de ne plus exister et ça les effraie... Pour moi, ça n'a jamais été un souci. Et je n'ai jamais critiqué. Personne ! Jamais cité de noms quand ça n'allait pas. Parfois, j'aurais pu me lâcher, balancer, faire mal. Mais la misère, la méchanceté gratuite... pas pour moi. Secrets professionnels ! Respect de l'intimité du vestiaire. J'ai bien fait : le monde du foot ne m'a jamais attaqué non plus. On peut téléphoner dans tous les clubs où je suis passé, interroger des joueurs, des entraîneurs, des dirigeants, des employés : je serais vraiment surpris s'il y avait des commentaires négatifs sur mon compte. Je crois avoir laissé partout une bonne image.

_ 02
Éduqué à la dure

> « Alain et moi, on est les fils du catcheur, les malades qui tirent des pneus dans la prairie »

Mon père a été catcheur professionnel. Champion d'Europe. Il avait plusieurs surnoms étonnants dans le milieu. Captain Davies par exemple. Je ne connais pas… Il a calculé qu'il avait fait l'équivalent de deux tours du monde. Il a combattu en Afrique du Nord, au Canada, à Tahiti, au Liban, au Koweït, au Japon,… Et beaucoup en Allemagne, qui était à l'époque le pays du catch. C'est là-bas, dans la région de Hanovre, qu'il a rencontré ma mère. Il m'a raconté plus d'une fois leur coup de foudre, j'en ai encore la chair de poule quand j'y repense aujourd'hui. Je l'entends : « Ça cognait mais il y avait aussi une partie de show. Ce jour-là, je fais une prise exceptionnelle, très spectaculaire, mon adversaire est au sol et je me tourne vers la foule en faisant un geste de triomphe. Comme un king. Je chauffe la salle, ça fait partie du jeu. Et il m'arrive alors un truc extraordinaire. J'ai l'impression de voir une photo panoramique et tous les spectateurs sont flous, sauf une jolie fille. Elle est parfaitement nette, elle. Je la fixe, elle me regarde. Quelques minutes plus tard, même chose. C'est toujours brouillé, sauf cette fille. Ça ne m'était jamais arrivé. Après le combat, je prends vite une douche puis je retourne dans la salle. Je sens qu'il se passe quelque chose, je l'invite au restaurant, elle est avec sa mère. On va manger en ville. Tout a commencé comme ça. »

Mon père s'est tout cassé, ou presque, sur les rings. On lui a recousu les arcades, il a eu les pommettes explosées, il s'est déboîté plein de fois les genoux et les épaules, il a eu des dégâts à des ligaments à plusieurs endroits,… Il me disait : « Quand ton adversaire te fait une clé, tu l'arrêtes, tu lui dis : – *C'est bon, c'est bon, tu m'as eu.* Mais il est trop tard, le mal est fait, il t'a blessé. » Un jour, un malade lui a enfoncé volontairement la tête dans le plancher du ring, il a eu une cervicale écrasée, il est resté paralysé pendant quatre mois et il en a eu pour trois ans de rééducation. Mais il a quand même fini par remonter sur les rings… C'était toute sa vie.

Je n'ai pas beaucoup de souvenirs de sa période de gloire, j'étais trop petit. Je me rappelle quand même le soir où j'ai fait un petit scandale pendant un de ses combats. C'est la grosse baston et il se fait bien taper dessus. Je suis gosse, super proche de lui, c'est mon dieu, je commence à trembler, je suis en transe, je pleure, je hurle, je ne tiens plus sur ma chaise. Ma mère et mon frère essaient de me calmer mais ça ne s'arrange pas. Le type continue à frapper. Tout d'un coup, je me lève, je fonce, je monte sur le ring et je me mets à cogner de toutes mes forces sur le gars qui est occupé à lui faire une clé de bras. Je veux lui faire mal, je suis au maximum ! On doit me sortir de la salle. Au moment d'aller au lit, je surprends une conversation de mes parents. Mon père dit : « J'aime bien quand tu viens me voir avec Alain et Daniel, je suis fier quand vous êtes là, mais on arrête, ce n'est pas bon pour eux, ça les traumatise. »

Et pourtant, j'ai moi aussi rêvé de devenir catcheur. Ça s'explique. Mon père voyage beaucoup et revient à la maison avec des coupes, des médailles, des journaux où on parle de lui, des cadeaux. Il passe à la télé. Ceux qui suivent le catch sur Eurosport le connaissent très bien. On a des cassettes de ses combats, on les regarde en famille. On me parle de lui tous les jours. À l'école, dans le village, Alain et moi, on est « les fils du catcheur » et j'en suis vraiment fier. C'est le plus beau compliment. Quand il faut inaugurer la nouvelle salle de sport à Froidchapelle, les gens de la commune se demandent ce qu'ils vont pouvoir organiser. Ils veulent marquer le coup. Il y en a alors un qui sort : « Mais enfin, pourquoi se compliquer la vie ? On a Franz… » Ils programment un combat, ils font de la pub dans la région, à l'école, ils impriment un folder. Mes potes sont tout excités, ils me disent qu'ils ont vu une photo de mon père en catcheur et qu'ils vont aller le voir. Je suis aussi énervé qu'eux… Quand il y a une petite bagarre entre copains, c'est moi qu'on appelle pour calmer tout le monde. On me met sur un piédestal, ils ont peur de moi, toujours parce que je suis « le fils du catcheur ». Je suis respecté. On me prend pour une bête de combat ! Alors que je ne suis ni grand, ni fort, ni violent. Tout ça me donne envie de faire la même carrière. Moi aussi, je veux être musclé et connu dans le monde entier, passer à la télé, gagner des trophées et de l'argent grâce au catch.

Depuis près de quinze ans, on rappelle dans les journaux que les frères Van Buyten tiraient des pneus dans leur jardin. C'est tout à fait vrai ! On n'a rien exagéré. Derrière la maison, il y a une prairie. Ma carrière commence là. Mon père est passionné par les documentaires à la télé. Sur le sport, sur l'espace, sur la nature, sur la diététique, sur plein de choses. Un jour, il tombe sur une émission qui explique le travail physique avec les jeunes de l'AC Milan. Ça le marque. Il voit qu'on oblige ces gamins à tirer une espèce de traîneau sur lequel on place des poids. Il n'a pas de traîneau, alors il cherche une autre solution. D'abord, il nous fait tirer des pneus de voiture. Très vite, il trouve que c'est un peu trop facile, trop léger, et ça devient des pneus de tracteur. Les pneus avant, parce que ceux de l'arrière, là, ce serait impossible… Au début, il nous les attache à la taille avec un câble métallique. Ça fait mal, ça rentre dans la peau, alors on met des petits coussins, des compresses, des mouchoirs, des morceaux de tissu. Puis, il trouve des sangles qui servent à remorquer les voitures. C'est moins douloureux que les câbles mais il faut encore mettre de la mousse ou un pull pour que ça nous blesse moins. Et finalement, le corps s'habitue. On a de moins en moins de petits vaisseaux qui pètent, on se fait à tout, on devient des hommes…

Cette prairie est un véritable camp d'entraînement miniature. Mon père, qui a toujours été possédé par le travail physique et reste super fit après sa carrière, a pensé à tout. Il a imaginé une piste d'obstacles, il faut passer au-dessus, en dessous, à gauche, à droite. C'est bon pour apprendre à slalomer. Il y a un petit banc qui sert à faire des une-deux : on a le ballon au pied, on le fait rebondir sur le banc puis on continue le parcours. On a les cônes pour marquer les portions sur lesquelles il faut jongler. Si la balle tombe, pas de cadeau : on recommence. Certains jours, c'est le supplice des sprints : on doit parfois en enchaîner une quarantaine, sur vingt ou trente mètres. Et ces exercices sont chronométrés. Il y a aussi tout ce qui se fait sans chrono. Comme le saut en longueur avec un minimum d'élan. Pour mon père, c'est la meilleure façon de travailler le démarrage. Il nous dit: «C'est mathématique, si vous partez vite, vous irez loin!» Il estime aussi que ça nous aide à bien positionner nos pieds et que ça améliore la coordination de nos mouvements. Et il insiste beaucoup sur le timing des sauts: «Sauter haut, c'est bien, mais ça ne sert à rien de sauter dans le vide ou quand le ballon n'est pas à la même hauteur que la tête.» Il nous fait des séances de détente sans élan. Il a accroché un ballon avec une ficelle, il a fait des graduations sur une planche, et chaque fois qu'on touche la balle avec le dessus du crâne, il la monte de quelques centimètres, c'est la récompense. Quand je suis trop court, il me provoque: «Allez fiston, saute, qu'est-ce que tu me fabriques?»

Tout est noté. Et quand on bat un record, mon père l'écrit en grosses lettres sur son tableau, avec un astérisque. La fin de la semaine est toujours un moment de stress, d'excitation, c'est le jour des tests. Il nous met la pression. On voit si on a progressé. Il ne nous surveille pas tout le temps. Certains jours, il nous laisse partir dans la prairie, Alain et moi. Mais il lui arrive de se cacher derrière un sapin, tout en nous montrant discrètement qu'il est là. Il veut voir si on ne triche pas. Donc, même quand il n'est pas là, on a peur qu'il y soit et on ne carotte pas! Pour lui, c'est un jeu. Tous les jours, on fait quelque chose. S'il fait trente degrés, on n'y échappe quand même pas, il en faut plus pour qu'il nous donne congé. Dans ces cas-là, l'entraînement se fait simplement en soirée plutôt qu'en pleine journée. Je suis en permanence en compétition avec Alain. Parfois, des potes de l'école viennent s'entraîner avec nous. En général, ils ne le font qu'une fois: ils crachent leurs poumons et ils sont définitivement dégoûtés…

On a aussi des séances de musculation. Mon père a toujours des engins, des barres et des poids qu'il utilisait pendant sa carrière. Pas les modèles les plus sophistiqués ou les plus design, mais c'est lourd quand même… On fait du développé couché: on est allongé et on doit soulever l'haltère. Aussi du squat: on a la barre au-dessus des épaules et on fléchit les genoux jusqu'au moment où les fesses sont proches du sol. Puis on remonte. Et il y a, entre-temps, les abdos et les pompages. Le week-end, mon père nous prévient: «On passe à la caisse.» Il veut contrôler l'état de nos abdominaux, on doit contracter le plus possible et il nous met des petites pêches. Il dit: «Ça fait mal?» Non, même pas mal, donc il frappe un peu plus fort et ça veut dire qu'on a bien travaillé. J'aime bien, ça m'amuse, je me sens fort. Je pense qu'il y a aussi du psychologique là-dedans : même si le corps souffre, on est tellement costaud dans la tête qu'on ne sent pas grand-chose. On sait que les voisins nous regardent et se posent sans doute des questions. Mais ils ne font jamais de remarques. On a de toute façon une réponse toute prête s'ils nous ennuient : «Occupez-vous de vos fesses...»

À ce moment-là, mon père combat encore de temps en temps mais l'essentiel de sa carrière est derrière lui. Il a gardé pas mal de contacts dans le milieu du catch. Il nous emmène un jour dans une salle de musculation à Charleroi. Il tombe sur un ami et lui parle de nos entraînements. Le gars répond : «Attends un peu, je vais voir de quoi ils sont capables, tes gamins.» Évidemment, ça nous intéresse, on a envie de savoir ce qu'on vaut par rapport aux enfants de notre âge qui soulèvent régulièrement des poids. Il nous teste. En squat et en développé couché, j'ai le niveau pour m'inscrire aux championnats de Belgique. On a aussi l'occasion de se tester en course à pied, vers 14 ou 15 ans. J'en fais quelques-unes avec Alain. Je me souviens d'une course à Walcourt, d'une autre à Chimay. On est heureux, on a notre dossard, un numéro, comme les vrais! Alain a un an de plus que moi et il court mieux. Un jour, il bat le champion de Belgique de sa catégorie. Moi, je finis au sprint avec ce gars-là. Je suis donc dans les temps du meilleur coureur belge de la classe d'âge au-dessus de la mienne.

À côté du travail physique, on a les entraînements purement foot. On est affiliés à Froidchapelle. J'ai des souvenirs très forts de séances où il fallait faire parler la technique. Ce n'est vraiment pas mon point fort quand je commence le football. Quand j'ai neuf ou dix ans, le coach nous demande d'avancer en jonglant, du milieu de terrain jusqu'à l'entrée du rectangle. Et une fois arrivé là, on doit tirer au but. Si le ballon tombe en cours de route, on recommence. Je suis hyper stressé, il tombe chaque fois, et donc, pour moi, ça dure plus longtemps que pour beaucoup d'autres. J'ai plein de copains qui arrivent à faire l'exercice et ils me chambrent. Je suis furieux. Je m'en veux, je me provoque : «Tu veux devenir footballeur et tu ne sais même pas jongler de là à là!» Mon père en remet une couche : «Mais fiston, le jonglage, c'est l'ABC du foot. Tu dois être capable de le faire. Et des deux pieds, hein!» Quand il me lance ça, je suis choqué. Et je me mets à travailler les jonglages tous les jours pendant plusieurs heures. Je me fixe des objectifs. Je me promets par exemple que je ne quitterai pas la prairie avant d'avoir réussi cent jongles. Le ballon tombe après vingt-cinq, puis j'en fais quarante, mais je suis encore loin. Il commence à faire noir, j'ai les larmes aux yeux. Finalement, j'y arrive. Et je chiale encore. De bonheur… Un gros mois après l'affront à l'entraînement avec le club, je n'ai plus de problème. On pourrait me demander de monter dans ma chambre en jonglant, je suis certain que je pourrais le faire. L'entraînement est une drogue. Un matin, j'entends qu'on téléphone pour annoncer que des stères de bois vont arriver l'après-midi. Je n'aime pas ça. Je vais devoir les scier, les mettre dans la brouette, aller les ranger à trente mètres. Je prends mon ballon, je me sauve sans rien dire à personne, je passe chercher un pote et on va jouer. On fait surtout du foot, on chipote aussi à la rivière avec des têtards, on fait sortir des chevaux de leur enclos, des trucs de gamins… Quand je reviens en début de soirée, mon père est déchaîné : «Tu étais où?» Je sais ce que je dois répondre : «Mais je suis allé m'entraîner, papa.» Alors, ça passe sans problème.

Il dit régulièrement qu'on ne peut pas faire un cheval de course avec un cheval de trait mais qu'on n'a pas ce souci, Alain et moi. Il sait qu'on a certaines qualités au départ. Le reste, c'est du travail. Pas simplement un entraînement de temps en temps. Il veut qu'on bosse tous les jours. Ça tombe bien, je n'ai que ça en tête. Le matin, avant de partir à l'école, je pense déjà à ce que je vais faire en fin de journée : la course d'obstacles, ou les haltères, ou du jonglage, ou une trentaine de sprints,… Je déteste l'école. Mais je réussis sans problème, en primaire puis au collège de Chimay. Parce que je suis perfectionniste dans tout ce que je fais. Et parce qu'il y a en permanence la menace de mes parents : si je reviens avec des mauvais points, je serai privé d'entraînement. Quand ça arrive, je ne suis pas fier et plus d'une fois, je pleure sur le trajet du retour. J'ai la pression. Je n'imagine pas un autre métier que celui de footballeur. Je n'aurais jamais pu devenir ingénieur. Parce que je n'avais pas la tête pour faire des études aussi compliquées, parce que je n'avais pas envie d'étudier énormément, et parce que le boulot ne m'intéressait pas, tout simplement. Après mes humanités, j'ai fait une spécialisation en électronique et mécanique. Je passais deux jours par semaine en entreprise. J'ai directement compris que ce n'était pas pour moi et que, si je devais rester ma vie dans un bureau, je serais terriblement malheureux.

Dans notre prairie, il y a deux buts, mon père les a fabriqués lui-même. On invite parfois des copains du village ou de l'école pour faire des petits matches, à cinq contre cinq ou six contre six, mais il nous prévient : « Eux, ils viennent pour s'amuser. Pour vous, c'est un entraînement. Vous n'êtes pas ici pour pousser bêtement le ballon, je veux que vous soyez lessivés à la fin du match. Courez, défoncez-vous. » Il lui arrive de jouer avec nous. Je suis attaquant, il se met en défense et il n'a pas peur de me mettre des coups mais ce n'est jamais bien grave. Il me touche les chevilles, je boite un peu le lendemain, puis c'est oublié. Il y a des balles partout. Rarement en bon état. On en récupère à gauche et à droite, il répare les crevaisons, recoud le cuir quand la chambre à air commence à sortir. On n'a pas les moyens de s'offrir des marques, alors ça s'use très vite.

Les jours où on travaille les reprises, c'est quelque chose. Il envoie une centaine de centres d'affilée, parfois même plus. Il ne s'arrête que quand sa hanche ou son genou le lâche. Et à ce moment-là, il sait déjà qu'il va payer. Je l'entends encore : « Si je continue, demain je ne sais pas sortir de mon lit. » Je travaille très peu mon jeu de tête. Vu que je ne grandis pas beaucoup, mon père me dit que les reprises de la tête ne seront de toute façon jamais un de mes points forts. Il veut simplement que j'améliore mon timing et ça se fait avec les sauts et le ballon accroché à la ficelle. Ma taille, c'est mon complexe. Dans toutes les équipes où je passe, je suis le plus petit. Je suis le Shaqiri du noyau... J'en parle souvent à mon père, il essaie de me rassurer mais j'ai l'impression qu'il ne l'est pas lui-même : « Tu vas peut-être grandir. Ou peut-être pas. À ton âge, j'étais encore petit, moi aussi. J'ai eu une croissance lente. Ne t'inquiète pas trop, tu vois quand même que tout le monde est grand dans la famille : moi, maman, ton frère, tes cousins. Il y a de l'espoir. » Donc, quand il fait des centres, il se concentre sur autre chose que ma détente et mon jeu de tête, il veut que je maîtrise le mieux possible les reprises de volée, et aussi les têtes plongeantes. Il a été dans le noyau de l'Olympic Charleroi, comme gardien, ce n'est donc pas un problème pour lui d'expédier des centres précis.

Je suis un enfant assez colérique. Au moins, je sais de qui je tiens… Quand mon père se fâche, ça peut être terrible. Par exemple, il ne supporte pas qu'on passe des heures sur notre Nintendo ou l'ordinateur. Il nous menace : « En fin de journée, si vous n'avez pas fait ce que je vous ai demandé de faire, je vous l'explose à la hache. Je ne vous préviens qu'une fois. » Il le fait avec ma voiture téléguidée, il l'éclate en mille morceaux. Dans ces moments-là, ses yeux deviennent noirs, il fronce les sourcils, ses rides se creusent, il a deux ou trois veines du front qui commencent à ressortir, on a compris : il est temps de faire le boulot ou d'aller s'entraîner.

J'ai un toc, une déformation, une obsession : je suis un peu pyromane. Rien de grave. Je m'amuse à allumer des petits feux, puis je les éteins. Je prends tout ce que je trouve. Du petit bois, du papier, de l'herbe séchée. J'y mets le feu, ça m'amuse, et je l'étouffe après deux minutes. Parfois, je me fais quand même peur. Ça démarre très vite, ça fait des grandes flammes et j'ai du mal à éteindre. Je me dis alors que je ne suis pas raisonnable parce que la maison est près des bois… Mais ça reste une idée fixe. Un jour, je n'arrive pas à allumer, il y a du vent. Je regarde autour de moi, je vois des bonbonnes de gaz dans la grange. Mes parents ont une friterie ambulante et il y a toujours des bonbonnes à la maison. Je vais en chercher quelques-unes, je les mets en cercle pour me protéger du vent puis j'allume mon feu au milieu. À ce moment-là, j'entends la camionnette des frites qui rentre ! Je panique. J'éteins tout de suite. Mon père vient dans le jardin, il sent une odeur de brûlé. Je le vois encore. Et je l'entends. Il est hors de lui : « Ne me dis pas que tu as fait du feu au milieu des bonbonnes… Mais tu veux faire exploser la maison ? » Et là, je prends la rame de ma vie ! Il va chercher un câble électrique et commence à me frapper sur les fesses. Quand il a terminé, je peux pour ainsi dire mettre mes doigts dans les fissures… C'est tout rouge, la peau est toute gonflée et je garde des traces pendant une bonne semaine.

Deux fois, je me suis pris ce câble électrique ! La deuxième, c'est un jour où mon père a rangé la remise. Il y a passé des heures. C'est nickel, on pourrait y manger par terre… Moi, je suis de mauvaise humeur parce qu'il m'a interdit un truc que j'avais envie de faire. Quand j'entre dans la remise, je suis dégoûté. Je me mets à shooter dans les sacs où il a mis tout ce qu'il doit jeter. J'éparpille au sol tout le travail de sa journée. Mais au moment où je vais exploser la dernière poubelle, j'aperçois sa tête. Il est bleu. J'essaye de m'enfuir, mais il a toujours une condition physique d'enfer, il m'attrape, prend le câble et ça recommence. Il n'y aura pas de troisième fois…

On pourrait croire que je suis traumatisé par certains épisodes de ma jeunesse, par l'éducation à la dure que j'ai reçue. C'est tout le contraire ! Si c'était à refaire, je choisirais à nouveau la même enfance, la même adolescence. Je suis très fier de la façon dont mes parents m'ont élevé, on en a souvent reparlé. Les épisodes avec le fil électrique, j'en ai rigolé plus d'une fois avec mon père : « Tu m'as défoncé, tu te souviens des marques que tu m'as faites sur les fesses ?… » On ne frappe pas ses enfants par plaisir, c'est contre nature, et s'il l'a fait, c'est parce qu'il était sûr que ça porterait ses fruits. Mon amour pour mes parents a toujours été énorme, je les ai remerciés des dizaines de fois pour tout ce qu'ils m'ont donné, pour ce qu'ils m'ont appris. Rien n'a changé quand je suis devenu professionnel, puis quand j'ai quitté la Belgique. La distance ne nous a pas éloignés. Mon père a toujours été mon meilleur ami. En début de carrière, il m'arrivait d'aller le rejoindre dans son lit, en rentrant de l'entraînement. Ma mère regardait ses séries dans le salon, il suivait ses documentaires dans leur chambre. Je me glissais sous la couette, contre lui, et on se rappelait des souvenirs. Je lui faisais mes petites confidences. Je lui parlais de mes copines, par exemple. Je n'arrivais pas à avoir les mêmes sujets de discussion avec ma mère, il y avait une espèce de barrière. Je pense qu'une relation entre un fils et son père est différente.

On n'est pas riches ! Mon père a travaillé dans une verrerie de la région de Charleroi avant de devenir catcheur professionnel. Il a très bien gagné sa vie sur les rings pendant sa période de gloire mais il a mal investi. Jusqu'à son dernier jour, il regrettera de ne pas avoir placé une bonne partie de ses économies dans des lingots d'or. Il m'en parle encore, il dit qu'il a commis une erreur monumentale : « Si j'avais investi là-dedans, on aurait eu une autre vie. » C'est quand le catch a commencé à ne plus leur rapporter grand-chose que mes parents se sont mis à vendre des frites. Par exemple sur les marchés de Couvin et de Chimay, et aussi dans les ducasses, les grandes fêtes que les villages de la région organisent pendant l'été. Avec Alain, on donne régulièrement un coup de main. Il y a une machine, une espèce de grande lessiveuse, qui pèle les patates. Après cela, il faut les découper en frites, et souvent, je tiens la presse… J'aime bien, je fais des bonnes grosses frites bien belges ! Mes parents ont tous les deux un côté artiste, je ne les aurais pas imaginés dans un ministère. Mon père est aussi passionné par la musique. Il a découvert l'accordéon avec mon grand-père, qui était un virtuose. Il a appris l'harmonica au service militaire. Il s'est mis à la guitare dans la caravane où il logeait pendant ses tournées de catcheur. Plus tard, il s'est lancé dans le synthé. Ma mère était sur le point de devenir mannequin quand ils se sont rencontrés. Elle a tout plaqué pour venir s'installer en Belgique. Rien de très banal…

Quand je suis au collège, c'est déjà la folie des marques : pour les sportifs, c'est Reebok, Nike, Adidas,… Moi, je n'ai que des sous-marques. Mais ça ne me perturbe absolument pas. Normal, puisque je n'ai jamais connu le luxe. Je ne sais pas ce que je rate, et quand tu n'as jamais rien eu, tu ne souffres pas si on te prive de plein de choses ! Bien sûr, je regarde parfois comment mes copains sont habillés, je vois ce qu'ils ont aux pieds, mais mes parents nous ont bien expliqué qu'ils n'ont pas les moyens de suivre et qu'il y a d'autres choses importantes dans la vie. On a compris. Un jour, mon père revient d'une longue tournée à l'étranger avec deux paires de Reebok Pump, des baskets hautes magnifiques, pour Alain et moi. On n'y croit pas, c'est Noël avant l'heure. Le plus beau jour de l'année. Un truc de fou ! J'ose à peine les toucher, je caresse les lacets, je les mets sur mon bureau, je veux les garder près de moi pendant la nuit, je ne les porte pas directement… C'est tellement unique. Au réfectoire du collège, il y a tous ceux qui s'achètent un sandwich tout fait ou un repas chaud. Moi, je déballe les tartines que ma mère m'a préparées. Sans gêne, pas de problème. Je n'ai pas non plus d'argent pour prendre une gaufre ou un chocolat au distributeur. Pas grave. Encore une fois, je n'ai jamais connu tout ça, je n'ai donc pas l'impression qu'on m'enlève quelque chose. C'est bien simple, je n'ai jamais d'argent de poche. Mais on ne se moque pas de moi, on ne me fait pas de remarques sur mon habillement. Il ne faut pas oublier que je reste « le fils du catcheur »… On ne m'ennuie pas non plus quand j'ai l'âge de sortir. Mes copains s'amusent beaucoup, ils ne voudraient pas rater les soirées de rhétos, toutes les fêtes pendant les grandes vacances. Moi, je ne fais pas grand-chose. Seulement quelques rares ducasses si mes parents y ont installé leur friterie, mais quand mon père décide qu'il est temps de rentrer, on ne discute pas. Ou parfois, on loge tous sur place, dans notre caravane, si on est loin de Froidchapelle.

Alain et moi, on passe chaque année une bonne partie des vacances d'été en Allemagne, dans la famille de ma mère. On y reste parfois un mois, même un mois et demi. Chez nos grands-parents ou chez une tante. Ils ont plus de moyens que nous et ils nous gâtent. Là-bas, on peut se permettre pas mal de choses qu'on ne reçoit pas à la maison. «Tu veux ça? OK, on te l'offre…» On est traités comme des petits rois. On y découvre pour la première fois des parcs d'attraction, on a l'impression de rêver. Si on reste à Froidchapelle, le seul parc d'attractions, c'est l'Eau d'Heure! Parfois, on prend notre vélo, notre pique-nique, et on y passe la journée, on saute dans les lacs. Ce n'est pas le top, il y a des endroits où l'eau est tellement polluée qu'on ne voit pas à cinquante centimètres, mais on est heureux. Pendant nos vacances en Allemagne, on apprend à parler la langue. Jamais chez nous : ma mère nous parle uniquement en français. À cet âge-là, tu enregistres tout, tu apprends une langue comme tu apprends à marcher. Et on passe presque tout notre temps avec des cousins et des potes qu'on s'est faits sur place. C'est de l'immersion totale et ça me sera très utile quand je signerai à Hambourg.

Ça fait mal de rater un entraînement de foot parce qu'on n'a pas d'argent pour faire le plein de la voiture! Mais ça nous pend au nez, de temps en temps. Je me souviens d'un jour où mon père est bien ennuyé. Je joue à Somzée à ce moment-là, mon frère aussi. Il nous dit : «Je suis désolé, on a eu des factures imprévues, c'est une semaine difficile, je ne sais pas payer l'essence, vous n'irez pas vous entraîner aujourd'hui, on va travailler dans la prairie.» Je le rassure : «Pas grave papa, je vais y aller à vélo.» Aller-retour, c'est une cinquantaine de kilomètres. Pour lui, il n'en est pas question. La route est trop dangereuse, et quand l'entraînement sera fini, il fera noir. Il se rend compte de la distance, moi pas. J'insiste : «T'inquiète, j'ai contrôlé les pneus, c'est bon.» Finalement, il voit que j'ai trop envie d'y aller et il nous conduit quand même. Je suppose qu'il puise dans la petite réserve où, normalement, il ne doit jamais puiser… Parfois, je dois quand même rester à la maison, toujours pour la même raison : pas d'argent pour faire le plein. Il appelle l'entraîneur et lui explique qu'il est un peu court mais que ça va passer.

Pour Alain et moi, ce n'est plus possible. On en discute à deux. Puis on va trouver mon père : « On a trouvé la solution, papa. On va aller faire des petits boulots, comme ça on aura de l'argent pour remplir ton réservoir. » Il ne dit pas non mais il ne dit pas oui non plus ! Je suppose qu'il est un peu gêné, que c'est difficile à accepter, qu'il a peur des commentaires dans le village. Mais Alain et moi, les commentaires, on s'en fout complètement !

On fait un peu de tout. On va au Cul de Cheval, un parc résidentiel entre Froidchapelle et les Barrages de l'Eau d'Heure, on prend le matériel qu'on trouve à la maison : des tournevis, des couteaux,… Là-bas, mon frère tond les haies parce qu'il est plus grand, et moi, je fais les pelouses, les parterres. Je déteste ça, je me casse les ongles, j'ai les mains dégueulasses. Mais je sais pourquoi je le fais, ça passe plus vite, plus facilement. On va aussi travailler dans une ferme près de chez nous. On monte dans les fenils en plein été, il doit y faire plus de quarante degrés certains jours. Et on range les ballots de foin et de paille. C'est pénible. Je me fais d'ailleurs la réflexion que dans le métier de fermier, tout est très pénible ! Quand on rentre pour la première fois du travail au fenil, on éternue, on crache tout noir, on encrasse la douche. Ça ne plaît pas à mon père : « Demain, vous vous protégez. » Il veut qu'on porte un masque, on doit le fabriquer nous-mêmes avec des mouchoirs, des essuies, une écharpe ou un foulard. Quand tu respires là-dedans, tu as l'impression qu'il fait encore dix degrés de plus. Mais il ne veut pas qu'on l'enlève. Il pense trop à notre santé, il a trop peur pour nos poumons. Quand il ramène un peu d'argent d'un combat, il nous achète des bons produits, des aliments naturels, bio, il nous dit que c'est bon pour notre croissance. En regardant ses documentaires, il a compris depuis longtemps qu'on nous fait manger plein de crasses, qu'on avale des hormones, des produits chimiques. Mais il a rarement les moyens de nous offrir des bonnes choses, il le regrette. Il nous dit : « Si j'étais riche, je ferais toujours mes courses dans des magasins de produits bio, vous auriez plein de vitamines, plein de sels minéraux. Et vous auriez une de ces pêches ! »

Je dois avoir neuf ou dix ans quand mon père me raconte une anecdote qui me fait encore frissonner aujourd'hui. « J'étais dans une salle de Charleroi avec des catcheurs, tous professionnels. Moi, je débutais, je n'avais encore rien prouvé. Mais j'avais déjà décidé d'abandonner le foot pour le catch, je savais que je pouvais y gagner beaucoup mieux ma vie, surtout si je réussissais une carrière à l'étranger. On regardait un combat à la télé, des champions. Autour de moi, c'étaient surtout des grandes gueules. Ils parlaient beaucoup mais ne faisaient pas grand-chose. Tout à coup, il y en a un qui m'a lancé : – *Et toi, Franz, qu'est-ce que tu en penses ?* Il se foutait de moi. Je lui ai répondu sèchement : – *Ce que j'en pense ? Un jour, c'est moi qui serai là. C'est moi que vous regarderez à la télé. Rigolez, seulement.* Ils ont continué : – *T'as raison, mon Franz, c'est sûrement toi qu'on regardera à la télé.* En quittant la salle, je savais que j'allais réussir. Ils avaient achevé de me motiver, j'étais choqué et plus que jamais prêt à tout pour devenir professionnel. »

Pour mon père, ces moqueries étaient insupportables, ça l'avait marqué. Ils avaient touché sa fierté. Quand il me raconte cette histoire, un truc se passe dans ma tête. C'est très bizarre. J'ai vraiment l'impression de vivre la scène et d'être à sa place, je vois les gars qui se foutent de moi. Et à ce moment-là, j'ai la même envie de percer, pas dans le catch mais dans le foot. Il a été champion d'Europe, je suis sûr que je peux grimper très haut, moi aussi. Je lui dis : « Papa, je ressens exactement la même chose que toi ce jour-là. Je te le jure, je serai footballeur professionnel. » Il me raisonne : « Ne rêve pas trop, fiston. Le catch, c'est déjà difficile. Et le foot, c'est encore plus compliqué. Tu comprendras quand tu seras un peu plus grand. Tu n'es encore nulle part, tu vas en baver. Je ne te dis pas que tu n'y arriveras pas, mais il faudra souffrir pour avoir un tout petit espoir de faire quelque chose. » Je suis très sûr de moi, prêt à tout renverser : « Papa, je te le jure sur ta tête, ça va marcher. » Il me calme encore : « Hé fiston, ne commence surtout pas à jurer. Ne te mets pas la pression. Alain et toi, si vous arrivez en Promotion, j'aurai récupéré tout mon investissement pour vous. » Encore aujourd'hui, j'ai envie de pleurer quand je le raconte… Et quand je lui rappelle l'anecdote, lui, il craque complètement…

_03
Charleroi, les débuts pros

> « Ça fait des années que mon père me tue, ce n'est pas le discours cash de Waseige qui va faire plus de dégâts »

Quand je suis avec mon frère à l'Olympic Charleroi, au début des années 90, je rencontre un entraîneur qui croit à fond en moi : Georges De Coster. Un type d'un certain âge, un sage, un homme extraordinaire. Je suis Cadet, il dit à mon père : «Tes gamins ont du talent. Alain peut réussir si on est patient avec lui. Daniel, lui, c'est encore autre chose, c'est un diamant brut. Il a un potentiel énorme. Tu risques d'avoir une belle surprise. Crois-moi, Franz. Je sais de quoi je parle, je suis dans le métier depuis suffisamment longtemps. Tu devrais les acheter. Ainsi, ils t'appartiennent, et s'ils percent, c'est toi qui encaisseras l'argent de leurs transferts. Ils ne sont pas chers pour le moment. Plus tu attendras, plus ça te coûtera. Vois ce que tu peux faire.» À l'époque, c'est encore possible pour un père d'acheter ses fils, les règlements le permettent. Mais il faut sortir près de 20 000 euros et mes parents ne les ont pas.

Je m'entraîne à Marcinelle, Alain est Scolaire et leur terrain est à Montignies-sur-Sambre, juste à côté. J'ai mon entraînement juste avant lui, donc c'est parfait pour mon père, il peut nous accompagner aux deux endroits. Quand Alain s'entraîne, je ne tiens pas en place et j'ai toujours mon ballon. Je joue, je jongle, et parfois, mon père me dit : «Va faire quelques petits sprints, ça te fera du bien.» Il m'arrive d'improviser un test de Cooper. Il me défie : «C'est parti, 12 minutes à fond, tu donnes tout, vas-y fiston.» De Coster est le coach d'Alain, il me regarde courir et jouer seul. Je pense qu'il est un peu intrigué. Un jour, il dit à mon père : «Ton autre fils, là, il vient quand même de faire son entraînement avec les Cadets ? Et il continue à se défoncer ? C'est bien, ça veut dire qu'il a la grinta. Surtout, qu'il ne la perde pas.» Des coéquipiers d'Alain sont étonnés aussi : «Il est fou, ton frangin !»

J'entends encore Georges De Coster m'appeler le jour où il manque un joueur pour faire un petit match : «Hé gamin, viens un peu ici… Tu vas jouer avec nous.» C'est comme s'il me donnait une claque, tout s'effondre, je suis stressé à mort. Je vais devoir jouer avec tous des gars plus âgés et plus grands que moi, et je ne les connais même pas. Sur mon deuxième ballon, je loupe mon crochet, il y a un ricochet et je fais involontairement un petit pont au défenseur. Ils pensent tous que je l'ai fait exprès, je suis le seul à savoir que j'ai eu un gros coup de bol ! Ils chambrent le gars, il est dégoûté, humilié. C'est match nul à la fin, De Coster dit qu'on va être départagés par un seul penalty et il décide que «c'est le petit qui va tirer» pour notre équipe. Le petit, c'est moi, évidemment. Notre gardien arrête le penalty adverse : si je marque, on gagne. Et je le mets dedans. Je suis le héros de la soirée, surexcité pendant le trajet du retour, et une fois rentré, je n'arrive pas à m'endormir. Je suis shooté à l'adrénaline ! Par après, je continue à faire de temps en temps les entraînements avec les Scolaires.

À la fin de la saison, les dirigeants de l'Olympic veulent me conserver mais ils n'ont plus besoin de mon frère, et ils ont des tensions avec De Coster. Finalement, on se retrouve tous à Auvelais. Je râle parce que je jouais avec des Cadets nationaux et je vais retomber chez des provinciaux. Mon père me raisonne : «Je me doute que tu voudrais rester mais je ne peux pas vous conduire aux entraînements dans deux clubs différents, j'ai déjà à peine assez d'argent pour payer l'essence.» J'ai l'âge pour jouer en Scolaires première année mais De Coster me prend avec Alain en Juniors. Moi, le tout petit gabarit, je me retrouve avec des gars qui ont deux ou trois ans, et deux ou trois têtes de plus que moi. Mon père me calme quand je panique : «Ça te fera du bien, tu vas t'améliorer dans les duels.» L'année suivante, je suis à Somzée. Pour une seule saison. Puis je retourne à Froidchapelle, où tout avait commencé. Mais je ne m'y éternise pas parce qu'il y a un coup de froid avec la direction.

J'apprends à ce moment-là qu'Anderlecht s'est intéressé à moi lors de mes débuts à Froidchapelle et me voulait pour la saison suivante, quand je n'avais que douze ans. Ils ne m'ont jamais tenu au courant de ce contact. Je suis déçu et fâché, mon père aussi. Je ne comprends pas leur réaction. Quand mon père leur fait remarquer qu'ils n'ont pas été corrects, ils le prennent de haut : « Hé, ça va le catcheur, calme-toi… Avec quoi tu viens ? Tu crois vraiment que ton fils avait le niveau pour un club comme Anderlecht ? Tu t'y crois déjà ? » Je pense qu'il y a une certaine jalousie à Froidchapelle. Mon père est dégoûté et on décide de retourner à Somzée. Là-bas, ils ne me reconnaissent pas ! En deux ans, j'ai pris une trentaine de centimètres. Mon père avait raison : je n'étais pas condamné à être le seul petit de la famille… Je commence à avoir des douleurs aux genoux, ils n'ont pas suivi ma croissance. Mais ça ne dure que quelques semaines. Fausse alerte.

Quand j'étais encore à l'école primaire, le Sporting de Charleroi me faisait déjà rêver. J'allais parfois y voir des matches. Je me souviens encore très bien de la première fois, c'était la grande époque de Didier Beugnies. J'étais assis au dernier rang, tout en haut. Tout m'avait paru si grand, si impressionnant. J'ai passé un test dans ce club à douze ans, on ne m'a pas retenu. J'y suis retourné à quinze ans, j'ai encore été recalé. On nous a alors expliqué que j'avais des qualités mais qu'il fallait restructurer l'école des jeunes et faire des économies. Je pense que c'était une excuse, une formule de politesse : ils ne croyaient tout simplement pas en moi. J'ai aussi fait des essais ailleurs, par exemple à Marchienne et à Couvin-Mariembourg. Sans succès. Soit on estimait que je n'avais pas le niveau, soit on ne voulait pas prendre les deux frères. Et ça, pour mon père, il n'en était toujours pas question. Il exigeait que je reste avec Alain.

Ma vie bascule complètement quand je suis à Somzée. J'ai dix-neuf ans, je joue en deuxième Provinciale, toujours avec mon frère. Rien d'extraordinaire. Un entraîneur que j'ai connu à Froidchapelle vient voir mon père. Il a besoin de nous : « Je passe mon brevet à l'école du Heysel. Au lieu de montrer les exercices moi-même, comme tout le monde le fait, je voudrais les illustrer avec deux cobayes. Ce serait plus vivant, plus parlant, plus pratique pour le jury. Je pourrais t'emprunter Alain et Daniel ? Ça ne durera qu'une bonne heure sur place. » Pour mon père, il n'y a pas de souci. Il considère que ce sera un entraînement supplémentaire. Toujours bon à prendre. Là-bas, à Namur, on fait donc des sprints, du slalom et d'autres choses. L'entraîneur de Froidchapelle est le premier à passer son examen, il y en a une dizaine d'autres après lui. Ils trouvent que c'est une bonne idée d'avoir des cobayes et ils nous demandent si on peut faire la même chose pour eux. Mon père nous regarde : «Vous avez aimé ? Allez, faites-le pour les autres aussi. C'est promis, je vous fous la paix en rentrant à la maison, vous ne devrez plus aller vous entraîner dans la prairie. Congé !» Michel Bertinchamps est un des examinateurs. Il est aussi préparateur physique à Charleroi. Il parle de nous à Robert Waseige, qui entraîne le Sporting : «J'ai vu deux gars qui ont une condition physique d'enfer. Je ne sais pas ce qu'ils valent comme footballeurs mais ce serait peut-être bien de les tester en Réserve.» C'est comme ça que je vais devenir pro. Si je n'avais pas croisé Michel Bertinchamps, ma vie aurait peut-être été complètement différente.

Je passe une saison en Réserve à Charleroi. Je joue en général le vendredi soir, et le lendemain, je suis dans le kop du Sporting avec mon maillot Activity… Avec des potes, il m'arrive de traverser la ville en klaxonnant quand on a gagné. On sort les drapeaux, on chante, on crie, on fait les fous ! J'ai toujours été attaquant en équipes de jeunes, et là, je recule au médian défensif. Je marque trente-sept buts. Contre Anderlecht, qui aligne quelques vedettes en manque de temps de jeu avec la Première, je réussis un hat-trick avec notamment une volée de 25 mètres qui se retrouve en pleine lucarne. Je finis meilleur buteur du championnat. Waseige a vu la plupart des matches et il est convaincu : à la fin de la saison, je monte dans le noyau A. Et je signe mon premier contrat professionnel.

La ressemblance entre Robert Waseige et Georges De Coster est frappante. Ils ont un certain âge, ils sont blancs de cheveux, ils ont la même hargne, la même façon de motiver les joueurs, ils me font penser à mon père. Dès les premiers entraînements, Waseige s'occupe beaucoup de moi, il m'invite dans son vestiaire, il me donne plein de conseils. Parfois, il me casse aussi, comme il le fait avec les autres joueurs. Il peut être cynique, tomber dans l'humour second degré. Il est comme ça, il n'épargne personne, c'est son style, sa méthode pour sublimer ses joueurs, on le connaît. Il ne calcule pas, il est cash, il sort tout ce qu'il pense. Quand j'en parle à mon père, il me répond : « Ne t'inquiète pas. S'il te parle comme ça, c'est pour ton bien. Parce qu'il veut que tu réussisses. » Je suis rassuré, et de toute façon habitué : ça fait des années que mon père me tue, ce n'est pas Waseige qui va faire plus de dégâts… Si tu es faible dans la tête, si tu as toujours été couvé, ça risque de ne pas passer, tu peux sombrer. J'ai vu des joueurs qui craquaient face à ses discours. Moi, je les prenais comme une motivation supplémentaire, j'avais le caractère pour encaisser tout ce qu'il me disait, ça me faisait réagir. On n'a jamais eu de clash.

L'été ne se passe pas trop bien pour moi. Waseige nous a prévenus quand il a fait son tout premier speech, il a été très clair et très sec : « Cette saison, il ne faut plus venir me demander congé pour un petit bobo. Ce n'est pas parce que vous avez un peu mal que vous allez rester une semaine à la maison. C'est la préparation, c'est votre métier, c'est dur, c'est normal de souffrir. Les vacances sur le compte du club, c'est terminé ! » Après quelques entraînements, je sens une pointe aux adducteurs. Mais je n'ai jamais été blessé, donc je n'ai pas de repères. Je me dis que ça partira comme c'est venu. Je n'ose pas en parler à l'entraîneur : je suis à peine pro, je ne vais pas aller me plaindre après trois jours ! Je force. Quand je reviens à la maison, je sais à peine marcher. Mon père est d'accord avec Waseige : « C'est la préparation, fiston, mords sur ta chique. » Le lendemain, je fais une reprise de volée et c'est la catastrophe : les adducteurs sont complètement déchirés. J'en ai pour trois mois. Waseige me reproche un peu de ne pas lui avoir parlé de ma blessure. Je lui réponds que je n'ai pas osé, après son speech. Il me dit : « Mais je ne te visais pas, je voulais faire passer un message aux vieux roublards, aux comédiens. Il y en a plein dans le noyau, je les connais trop bien, ils m'en ont trop fait voir l'année dernière. » Je parle beaucoup à Dante Brogno, aussi. À mes yeux, c'est l'icône de Charleroi et je suis fier qu'il se préoccupe de moi. C'est la vedette du noyau, personne ne me connaît et j'ai tout à apprendre, mais le courant passe directement. Quand il faut faire un exercice à deux, il me choisit souvent. Je suis excité, mais aussi fort stressé… Et ça se voit à mes passes. Brogno a un toucher de balle exceptionnel, elle atterrit toujours pile dans mes pieds. Quand je dois la renvoyer, j'ai peur de me trouer, ça me met la pression. Et il m'arrive de lui envoyer une mine qui arrive à trois mètres de lui… Je suis gêné.

À cause de ma blessure, je dois attendre la fin du mois d'octobre pour jouer mes premières minutes en D1. Et à ce moment-là, Robert Waseige n'a besoin de personne en attaque. Donc, il me fait jouer dans l'entrejeu. Je découvre le championnat dans un match à domicile contre Beveren. J'entre après une demi-heure, il n'y a que 3000 personnes dans le stade, l'ambiance est froide, on perd. Les conditions ne sont vraiment pas folichonnes, ce ne sont pas les débuts dont je rêvais. La preuve que personne ne me connaît ? Dans tous les journaux du lundi, il y a une faute dans l'orthographe de mon nom : je suis Daniel Van Buiten. Une erreur sur la feuille de match, et personne n'a vérifié. De ce soir-là, je retiens aussi ma toute première interview pour la télévision. Sur Télésambre. Ma famille l'a enregistrée, c'est à mourir de rire. Inconsciemment, je force mon accent. Je suis stressé à mort, j'ai des hésitations dans chaque phrase. J'ai peur de lâcher une connerie ! Dans ma tête, c'est du direct, je ne me fais même pas la réflexion qu'ils pourront couper au montage si je me loupe, ça me fait encore plus perdre mes moyens. On doit se demander d'où je débarque. Je suis un grand timide à l'époque. J'ai peur si je dois demander l'heure… Quand je dois aller à une adresse que je ne connais pas, je passe du temps sur la carte avant de partir parce que je sais que j'aurai des bouffées de chaleur si je dois m'arrêter et apostropher quelqu'un. Et si je suis vraiment obligé de le faire, je n'interpelle pas le premier que je croise, je cherche une personne avec une bonne tête…

Ma première titularisation me marque beaucoup plus que mes premières minutes comme professionnel. Pour plusieurs bonnes raisons. Il y a d'abord l'adversaire : Lokeren est une bonne équipe de D1. Et le résultat : on gagne ce match, chez nous. Quand Robert Waseige nous annonce, à la théorie de l'après-midi, que je vais commencer, j'ai envie d'exploser, de rigoler une bonne fois, de me lâcher, tellement je suis heureux et excité. Mais je ne le fais pas, par respect pour le concurrent qui va se retrouver sur le banc. Je sais que je vais avoir du boulot : je dois tenir Jan Köller. Un monstre. Il est alors considéré comme le meilleur attaquant de Belgique. Il est encore plus grand que moi, il passe les deux mètres. Et il fait cent kilos ! On le cite déjà dans les plus grands championnats, en Angleterre, en Allemagne. Mais ça se passe très bien pour moi et on écrira dans les journaux qu'un gamin, Van Buyten, a muselé une star, Köller. Sans faire de

▸ Charleroi, les débuts pros

faute dans mon nom, cette fois ! Après Lokeren, Köller signera à Anderlecht, et je n'ai que des bons souvenirs de mes duels avec lui. Un jour, on a une collision impressionnante. Je charge, je lui rentre dedans parce que je sais que je dois y aller au physique si je veux avoir une chance contre lui. Après le choc, je crains sa réaction. Il me fixe dans les yeux et me dit : « Ça va Daniel ? Je ne t'ai pas fait mal ? » Un type extraordinaire, toujours le premier à féliciter l'adversaire qui ne l'a pas épargné. Köller était une montagne mais il m'a toujours impressionné par sa gentillesse, son fair-play, son savoir-vivre.

Je joue de plus en plus régulièrement, je deviens un pion fixe de l'entrejeu de Charleroi, je progresse, je m'épanouis, tout va bien… Sur le terrain en tout cas. Au niveau de mon contrat, je suis beaucoup moins heureux. Même frustré. Après mon année en Réserve, la direction m'a fait signer pour deux ans. C'est rare. En général, celui qui devient pro dans ce club n'a droit qu'à une saison, on veut d'abord être sûr qu'il a le niveau, qu'il peut apporter quelque chose, qu'il est prêt pour faire une vraie carrière. Ces deux ans, c'est probablement la preuve qu'ils croient en moi. Quand j'ai signé, je n'étais pas trop au courant des salaires. Mon père non plus. Je n'avais pas d'agent, on avait fait confiance. Petit à petit, on se renseigne. Et on constate que je suis méchamment sous-payé, que des joueurs de l'équipe Réserve touchent plus que moi. Ils se sont foutus de ma gueule, clairement ! Je gagne très peu, je n'ai pas de voiture du club, bref je ne leur coûte vraiment pas cher. J'en ai la confirmation quand je me renseigne dans d'autres équipes. Des personnes qui connaissent très bien le milieu me font aussi remarquer que je ne reçois vraiment pas grand-chose, que ce n'est pas normal, qu'on m'exploite. Je me sens couvert par ces gens-là. Je rencontre aussi des agents. Ils nous disent qu'on ne peut pas se laisser faire. Et je commence à regretter de m'être engagé pour deux ans. Si je n'avais qu'un contrat d'une saison, je serais libre en été, je pourrais partir gratuitement et empocher une prime à la signature. Au lieu de ça, je suis tenu, c'est Charleroi qui peut décider pour moi.

À la fin de la première saison, je vais trouver les dirigeants, mon père m'accompagne. Je dois négocier avec Pierre-Yves Hendrickx, le secrétaire général. Parfois, Jean-Pol Spaute et Gaston Colson sont là aussi. On demande une revalorisation. Quelque chose de sérieux, pas des cacahuètes. J'explique que ma situation sportive a bien évolué en un an, que je ne suis plus un espoir mais un joueur confirmé. Je rappelle qu'après mon retour de blessure, je me suis installé solidement dans l'équipe. On commence à me comparer à Philippe Albert, ça veut aussi dire quelque chose. Et pour moi, c'est une immense fierté. J'ai l'image du joueur fantastique à la Coupe du Monde aux États-Unis, du gars qui a illuminé le championnat d'Angleterre. Je donnerais tout ce que j'ai pour faire une carrière comme la sienne. Mais pour la direction de Charleroi, tout cela ne suffit pas. Mon père est direct : «Vous avez permis à mon fils de devenir professionnel, merci ! Mais maintenant, il est titulaire et vous devez l'augmenter. Je vous avoue que je ne gagne pas bien ma vie, que c'est dur tous les jours à la maison, qu'il ne reste pratiquement plus rien à Daniel quand il nous a remboursé le carburant de la voiture. S'il gagne mieux sa vie, il pourra commencer à s'acheter, par exemple, ne fût-ce qu'une nouvelle paire de chaussures de temps en temps. Pour le moment, ce n'est pas possible.» On les rencontre trois ou quatre fois mais ça ne bouge guère. Finalement, ils nous disent qu'ils vont quand même faire un effort. J'ai eu mon permis de conduire entre-temps, je roule toujours avec la voiture pourrie de mes parents, presque tous les joueurs du noyau A ont une voiture du club. Il y a des chouettes Renault via un contrat de sponsoring, des Seat, des Ford du garage de Gaston Colson, ça ne doit quand même pas être trop compliqué de trouver une solution.

Ils nous font une proposition : je suis augmenté d'environ 50 euros par mois… Et ils me prêtent une voiture. Ils m'envoient chez Colson, je me retrouve sur le parking des occasions. Je suis déjà tout emballé, on m'a promis une Seat Ibiza, j'ai regardé dans des magazines à quoi elle ressemblait, c'est très bien. Sur ce parking, c'est plein de belles caisses, je me demande où est la mienne. Le vendeur me conduit vers la seule voiture pourrie. Une vraie poubelle. Il me lance : «Elle est là, on te l'a préparée, tiens, voilà les clés.» Je me sens blessé, j'ai envie de pleurer. Mais je me retiens, je fais semblant de rien. Je suis encore jeune, je n'ose pas sortir ce que j'ai en moi. Elle est complètement rouillée, il y a des trous dans la carrosserie. Quand j'ouvre la portière, je me demande si elle va tenir. Les sièges sont crasseux. C'est une Ibiza de la toute première génération. Je me fais la réflexion que je n'ai pas intérêt à me faire arrêter par les flics parce qu'ils ne me laisseront pas repartir. Je m'installe, je veux reculer le siège, ça bloque. Je dis au vendeur qu'il y a un problème, il me répond : « Non, tu es à fond, tout est normal. » Avec mes grandes jambes, il y a le changement de vitesse qui rentre dans mon genou droit, la manivelle de la vitre dans le gauche… Je lui signale que c'est quand même un peu petit, il estime que « c'est bon ». Je suis presque contre le volant, comme les rallymen, mais eux, ils ont au moins de la place pour allonger les jambes ! Cette voiture est encore plus pourrie que celle de mes parents. Quand mon père explique la situation à Robert Waseige, il nous rassure : « Tu vas recevoir un coup de fil du Standard. Crois-moi, là-bas, ils vous prendront au sérieux. »

Mon aventure à Charleroi se termine donc en queue de poisson. Le Standard me transfère pour pas grand-chose, dans un pack avec Laurent Wuillot, une idée de Lucien D'Onofrio. Quand le transfert est officiel, j'explique simplement dans les journaux que Charleroi n'a pas été tout à fait réglo en ne me proposant qu'une augmentation ridicule et une voiture qui ne ressemblait à rien. Je ne dis rien d'autre, je n'en rajoute pas, je ne suis pas trop négatif, je signale seulement des vérités, je suis aussi conscient de ce que je leur dois. Il y a quelques réactions, dont celle de Raymond Mommens. Il répond que j'ai une technique limitée et que je suis de toute façon déjà trop vieux pour progresser encore sur ce plan-là. Il se trompe. Près de quinze ans plus tard, j'améliore encore mon toucher de balle avec Pep Guardiola, qui le voit et me le fait remarquer ! Même à trente-cinq ans, tu peux bonifier ta fluidité, tes contrôles, ta vitesse d'exécution, ta faculté de trouver très vite une solution technique. Jupp Heynckes était du même avis. En fin de carrière, je me sens plus à l'aise que dix ans plus tôt quand on fait un toro, ce petit jeu où deux joueurs courent comme des fous dans un petit carré de terrain pour intercepter le ballon que cinq coéquipiers font circuler très vite en une touche. Ça prouve mes progrès techniques, je trouve ça magnifique.

Je n'ai jamais été un Franck Ribéry, un Eden Hazard ou un Dries Mertens. C'était de toute façon impossible. Même en ne travaillant que ça, je n'aurais jamais pu y arriver, à cause de mon gabarit. Chacun a un potentiel et des caractéristiques physiques au départ, et mon centre de gravité était bien trop haut pour que je devienne un génie technique. Aucun joueur de ma taille n'y arrive. Si ton centre de gravité est bas, le contact avec la balle est automatiquement plus rapide : tac tac tac... Ce n'est pas un hasard si tous les virtuoses du foot sont des joueurs de petite taille. Moi, j'ai un grand bras de levier, et une fois que j'ai poussé le ballon d'un côté, il me faut un certain temps pour me redresser puis basculer de l'autre côté. Et j'ai près de cent kilos à déplacer quand je conduis la balle. C'est une loi physique, de la mathématique pure.

_04

Ivic, un extraterrestre au Standard

> « La veille d'un match, je dois me sentir lessivé, vidé, savoir ce que j'avais dans le corps, ça énerve Preud'homme et il me remballe »

Robert Waseige avait raison, il était bien renseigné, le Standard me prend vraiment au sérieux. D'autres personnes aussi. À ce moment-là, je n'ai pas encore d'agent mais ils commencent à défiler. Certains viennent carrément à Froidchapelle, sans s'annoncer, je ne suis même pas certain qu'ils sont vraiment agents ! Je les soupçonne surtout de vouloir faire une bonne affaire sur mon dos. Si je les écoute, je peux déjà aller très haut, dans des grands clubs européens, en France et en Angleterre notamment. Il y en a un qui m'envoie au Paris Saint-Germain. Mais quand mon père lui demande une preuve écrite de l'intérêt du PSG, il cale un peu… Il nous drague, tout simplement. Je sens que je peux commencer à rapporter de l'argent, je suis jeune, j'ai un potentiel, je deviens intéressant.

Je débarque à Sclessin au début de l'été 1999 pour prendre la température. Pour moi, ça ne doit être qu'une première prise de contact. Charleroi m'a proposé un long contrat mais je veux jouer ailleurs. On s'est trop moqué de moi là-bas, je me sens blessé, la page est tournée. Je suis attendu au Standard : le directeur est là, il y a aussi Lucien D'Onofrio et l'entraîneur, Tomislav Ivic. Ils me font visiter le stade, ils m'expliquent le fonctionnement du club, ils me montrent ma place dans le vestiaire. Pour eux, je suis déjà là. Alors que je n'ai rien signé, que je suis seulement venu en repérage ! Mais ma décision est vite prise, je sens que je fais partie d'un projet. Après quelques minutes, sans qu'on ait parlé d'argent, je me mets en tête que c'est mon nouveau club. On me donne plein d'importance, ça me flatte trop.

Mon salaire est multiplié par trois. Et ma poubelle est remplacée par l'ancienne voiture de Roberto Bisconti : une Opel Calibra, elle est magnifique avec son nez pointu… Elle est presque neuve, c'est le dernier modèle. C'est le genre de caisse dont j'ai toujours rêvé. Pour moi, c'est une Ferrari. Quand je m'installe au volant, j'imagine déjà mon retour à Froidchapelle, la tête de ma mère, de mon frère. Ils vont halluciner. Je sauterais bien au plafond.

Mais très vite, je prends un gros coup sur la tête. Ivic commence à me parler de foot et me lance : « Je vais faire de toi le meilleur back droit de Belgique ! » Je ne suis pas sûr d'avoir bien compris… Dans ma tête, je suis un véritable attaquant. J'ai joué dans l'entrejeu à Charleroi mais je voyais ça comme un dépannage temporaire. Alors, back droit… Non, ce n'est pas possible. Tout mais pas ça ! Mais je m'écrase, tant pis. Je vois tous les aspects positifs, je suis trop content et trop fier d'être là. Je vais mieux gagner ma vie. J'ai maintenant une voiture fantastique. Et je suis dans un grand club. La meilleure équipe de Wallonie, une des deux plus grandes de Belgique. C'est au Standard qu'il y a les meilleurs supporters. Au lieu de jouer devant 5000 ou 7000 personnes comme à Charleroi, je vais m'installer dans un stade de 25 000 places qui est souvent plein. Et j'ai des coéquipiers prestigieux : Vedran Runje, Guy Hellers, Émile et Mbo Mpenza. Je sais qu'une nouvelle vie commence.

Back, j'ai toujours détesté cette place ! Je n'y ai jamais joué mais je ne le sens pas du tout. Ivic a un raisonnement bien à lui. Il sait que je suis capable d'envoyer des longues passes précises, des transversales millimétrées, des ballons qui retombent derrière la défense. Et là, il y a les Mpenza qui peuvent réceptionner et terminer le boulot grâce à leur pointe de vitesse. Il m'explique que quand j'aurai la balle, toute l'équipe d'en face va se déporter de mon côté, et il suffira alors que j'envoie une transversale de trente ou quarante mètres pour que le jeu bascule sur l'autre flanc, où il n'y aura plus de défenseurs. Pour lui, c'est si simple. Et Ivic a un deuxième argument pour essayer de me convaincre. Il me fait remarquer que je fais de très longues rentrées en touche et que je serai bien placé pour m'en charger si je joue sur le flanc plutôt que dans l'axe. Les longues rentrées, c'est encore un héritage de ma formation dans la prairie. Quand on faisait des petits matches avec des copains, personne ne voulait jouer dans le but et je me sacrifiais souvent. J'adorais me faire canarder et plonger, même dans la boue ! J'ai été testé dans le but à Froidchapelle et j'ai hésité à y rester. C'était la place de mon père à l'Olympic, ça m'inspirait. En jouant comme gardien, j'ai appris à relancer très loin à la main. Je me suis musclé naturellement les épaules et les bras. Et je faisais aussi plusieurs autres sports : barres parallèles, badminton, tennis. Donc, j'arrive à expédier le ballon assez loin sur les rentrées. Ivic me demande même d'aller les faire à gauche : je dois ensuite sprinter pour reprendre ma place à droite mais avec ma condition physique, ce n'est pas un problème... Il me dit : « Quand tu fais une rentrée, c'est comme un coup franc. »

Mes premiers matches sur le flanc sont hésitants. Évidemment... Tout le monde voit que j'ai des lacunes, qu'il me reste plein de choses à apprendre. Je souffre et je suis déçu quand je lis certains commentaires. C'est le boulot des journalistes d'écrire qu'un joueur a été mauvais s'il n'a pas été bon... Mais il y a des comptes rendus très durs, sans pitié, on me démolit parfois. Ils oublient que je suis un attaquant. Ou ils ne le savent pas. Je fais plein d'erreurs de placement. Techniquement, je suis limite. Je ne me sens pas bien, tout simplement. Je suis bloqué par la ligne. J'ai toujours eu besoin d'avoir des solutions à gauche et à droite, d'avoir une vision panoramique du jeu, donc ça me stresse. Je n'ai jamais joué que dans l'axe, en attaque ou dans l'entrejeu, et je ne suis pas à l'aise quand je ne peux faire aucun mouvement vers la droite. Je souffre énormément contre des petits gabarits très vifs, style Toni Brogno. Je soupçonne même des entraîneurs de l'avoir compris et de me coller volontairement des joueurs comme ça. Un défenseur central peut combiner s'il est pressé par un attaquant très rapide. Alors qu'un back est parfois obligé de le dribbler. Et ce n'est pas mon point fort.

La blessure de Rabiu Afolabi est encore un tournant de ma carrière. Zeljko Mijac a remplacé Ivic et il a besoin de quelqu'un dans le centre de la défense. Il me demande d'y aller, je fais un super match. Mijac ne reste pas longtemps entraîneur principal, l'équipe est vite reprise par Jean Thissen et Henri Depireux. Ils me laissent dans l'axe. On enchaîne douze victoires d'affilée, on n'encaisse pratiquement rien, tout le monde parle de la défense imprenable du Standard, du duo que je forme avec Liviu Ciobotariu, on commence à faire des comparaisons avec la ligne arrière historique du club, dans les années 60. J'y prends goût, je commence à me sentir vraiment important dans cette équipe. Et petit à petit, j'arrête de penser à ma carrière d'attaquant. Ivic est devenu directeur technique et il continue à me dire que je peux percer comme défenseur, il me fait remarquer que mon jeu de tête est exceptionnel. Mais il ne me parle plus du back droit, comme s'il avait compris, lui aussi, que j'étais fait pour l'axe. Moi-même, je me dis progressivement que ce n'est pas si mal, finalement. Je me confie à mon père : « Je me lance dans un nouveau métier, tant pis si je ne suis plus à la place qui me faisait rêver. J'ai l'occasion de jouer tous les matches dans un club comme le Standard, je ne vais pas me plaindre. » Il est bien d'accord : « Fais confiance à ceux qui te voient plus comme défenseur que comme attaquant. Imagine que tu t'imposes dans la défense du Standard : tu iras peut-être encore plus haut et tu ne devrais plus travailler après ta carrière ! »

Il me conseille de regarder les matches à la télé autrement. Il m'explique que pendant sa carrière de catcheur, il analysait ses futurs adversaires à la loupe, presque au laser. Il se focalisait à fond sur leurs points forts et leurs faiblesses, il préparait ses combats longtemps à l'avance, il voulait copier ce qu'il y avait de meilleur chez les champions. Il me dit que je dois apprendre à scouter dans les détails les gars qui jouent à mon poste, à décortiquer leur placement et leurs mouvements. Pour lui, c'est simple : « À quoi ça te sert de continuer à regarder ceux qui sont ailleurs sur le terrain ? Tu ne joueras quand même plus jamais à leur place ! » Moi qui ne rêvais que de buteurs quand j'étais gosse, de Diego Maradona, de Ruud Gullit, de Marco van Basten, je commence à observer surtout des gars qui jouent derrière. Je m'intéresse de très près à l'équipe de France. C'est la référence, elle vient de gagner la Coupe du Monde et le Championnat d'Europe. Je tombe sous le charme de Marcel Desailly. Il est rugueux mais propre et sobre. Il n'essaie pas des gestes farfelus quand il doit relancer, il est toujours efficace. Il montre qu'on peut faire une toute grande carrière de défenseur sans avoir une technique exceptionnelle, ça m'interpelle. Plus tard, je prendrai plutôt des Italiens comme modèles : Fabio Cannavaro et Alessandro Nesta. C'est le top, ils sont plus modernes que Desailly. Ils sont terriblement forts dans les duels mais ils apportent une touche technique en plus. Ils participent plus au jeu. Pour moi, ils sont encore un cran au-dessus de Desailly.

Aujourd'hui, je suis très fier d'avoir fait une carrière très «propre». Je n'ai pratiquement jamais été suspendu pour excès de cartes jaunes, dans aucun championnat. En Allemagne, pourtant, on prend un match de punition dès qu'on a été averti cinq fois. Tout va très vite mais je m'en suis toujours bien sorti. En début de carrière, j'étais réservé, timide, aussi sur le terrain. Au fil du temps, je suis devenu plus méchant, avec une bonne agressivité. Ma moyenne de fautes par match a toujours été assez basse. Je n'ai jamais voulu mettre des coups pour mettre des coups. Si je vois que j'ai peu de chances d'avoir le ballon, je préfère reculer et gérer l'espace plutôt que prendre le risque de tuer l'adversaire. Je sprinte vers l'arrière au lieu de défoncer! J'ai pris quelques cartes rouges mais ce n'était jamais rien de grave. Parfois, c'était pour une faute tout à fait involontaire, je me souviens par exemple avoir fouetté le visage d'un attaquant en étant emporté par mon élan. Je n'ai jamais été averti ou exclu pour avoir enguirlandé un arbitre. Et je n'ai jamais blessé personne. Il y a eu des dégâts collatéraux de temps en temps: je prenais l'homme en même temps que je chopais le ballon, mais ça ne s'est jamais mal terminé.

Je suis marqué à vie par Tomislav Ivic. Quel personnage! Il me laissera des tonnes de souvenirs, pas seulement celui d'avoir su être hyper heureux dans le foot sans jouer devant... Dès notre première rencontre, il me fait penser à mon père. Il a les mêmes discours qui hypnotisent. Je l'écouterais pendant des heures. Il est touchant. J'ai lu son palmarès, je sais qu'il a gagné des titres un peu partout en Europe et qu'il a travaillé avec les plus grandes stars, mais il croit à fond en moi alors que j'étais encore en deuxième Provinciale deux ans plus tôt. Ça me semble irréaliste. Il me stresse un peu à cause de sa carte de visite, il m'intimide, mais en même temps, je me sens bien quand on discute, je suis en confiance, flatté qu'il me donne autant d'importance. Je fais tout ce qu'il me demande, je ne triche jamais, il le voit et il aime ça. Malgré son âge, il continue à bosser comme un fou. Le matin, il est le premier au centre d'entraînement. Et le soir, la dernière voiture sur le parking, c'est la sienne.

Avec Ivic, je découvre la gestion des jeunes joueurs. J'ai toujours pensé qu'il fallait tout donner à l'entraînement, jusqu'à la dernière minute. Il me fait comprendre que ce n'est pas bon. Il a un régime particulier pour ceux qui ont moins d'expérience, ceux dont le corps n'est pas encore tout à fait développé. Il nous demande de ne pas exagérer, il nous explique que le repos fait partie de l'entraînement et qu'on risque à tout moment une blessure si on exagère, et certains jours, il nous renvoie au vestiaire avant les autres. Mais moi, je n'en ai jamais assez. Il m'arrive de rester sur le terrain quand mes coéquipiers sont déjà à la douche. Mais ça ne plaît pas à Ivic et il vient me rechercher. Parfois en se fâchant. «Ça suffit pour aujourd'hui. Maintenant, tu rentres! Je ne veux plus te voir.» Plus tard, j'ai le même problème avec Michel Preud'homme. Il apprend que je fais encore de la musculation chez moi, après les entraînements. Il n'est pas d'accord. Il me dit que tout ce qu'il nous fait faire est programmé, calculé, et qu'on ne peut pas en remettre une couche. Il ne veut pas entendre parler d'auto-entraînement! Il se fâche aussi quand on lui raconte qu'il m'arrive de venir au stade les jours de congé. Et quand tout est fermé, je vais sur une piste d'athlétisme, je fais des sprints, de l'endurance, des sauts, des pompages. Ma femme me dit souvent: «Tu n'en as pas marre? C'est congé, profites-en un peu...» J'explique à Preud'homme que j'en ai besoin pour me sentir bien dans la tête. La veille d'un match, quand l'entraînement se termine, je dois me sentir lessivé, crevé, vidé. Je dois avoir l'impression que mes batteries sont complètement plates, savoir ce que j'avais dans le corps. Comme ça, je suis content et confiant. Je passe une bonne nuit, je récupère, puis je suis de nouveau à 100%. Je fais comprendre à Preud'homme que mes heures supplémentaires ne sont pas un supplice pour moi, que j'ai toujours fait ça, que je ne veux pas me contenter de ce que j'ai, que le Standard n'est pas ma limite. Je viens d'arriver mais je me projette déjà dans un autre championnat. Je me mets la pression. Mais très peu de gens savent que je pense à autre chose, à l'après-Standard: ma femme, mes parents, Preud'homme, c'est pratiquement tout. Je ne veux surtout pas le crier sur tous les toits, je n'ai pas envie de choquer, pas envie qu'on me traite de prétentieux.

Je suis déjà beaucoup plus sûr de moi qu'au moment de mes débuts à Charleroi. Face aux micros et aux caméras, par exemple.

Ivic, un extraterrestre au Standard

C'est au Standard que je suis mes premiers cours d'expression. Ma timidité disparaît progressivement. On nous apprend à parler, à ne pas dire n'importe quoi, à mettre la bonne intonation, à ne pas dire sans arrêt «euh, euh»… J'aurai encore des cours du même style à Marseille. On fait des simulations d'interview télé, le prof dit: «Vas-y, parle-moi de ton match.» Ça m'aide dans le foot mais aussi dans la vie en général, je deviens moins stressé, je commence à aller vers les gens, je ne suis plus paralysé quand je rencontre des inconnus. Le football m'a fait comprendre qu'on n'allait pas me manger… Sur le terrain, je me sens beaucoup mieux. Je canalise plus facilement mes émotions, j'arrive même progressivement à les transformer en motivation. Petit à petit, je commence à rechercher inconsciemment le stress, ça me permet de me mettre dans la peau du gars qui va tout défoncer! Certains joueurs disent qu'ils ne ressentent aucune pression avant un match: je n'y crois pas. C'est inévitable, tu te prépares à jouer devant un stade plein, tu sais que le match est retransmis à la télé, tous les yeux sont braqués sur toi. Mais une fois que ça commence, pour moi, ce stress disparaît complètement. Je suis dedans, je ne gamberge plus. Ce serait intéressant qu'on me mette un cardio-fréquencemètre juste avant un choc contre le Real, le Barça, Manchester United ou Chelsea… Mes pulsations seraient assez hautes parce que je suis tendu, excité, plein d'adrénaline. C'est chimique. Mais tout redevient normal dès que j'ai touché mon premier ballon.

À la fin de ma deuxième saison au Standard, en 2001, Lucien D'Onofrio m'invite chez lui. Je suis avec Christophe Henrotay, on vient de s'engager ensemble, il devient mon agent et va devenir mon meilleur ami. On discute de la pluie et du beau temps avec D'Onofrio. Puis, innocemment, il commence à me parler de Marseille et de Bernard Tapie, qui vient d'y faire son retour. Sur le coup, je me demande pourquoi il est question de Marseille. Je ne pense pas du tout à un transfert. Je suis encore sous contrat au Standard pour deux saisons. On n'a encore jamais évoqué un départ. D'Onofrio me dit que Marseille serait éventuellement intéressé et qu'il connaît très bien Tapie. À ce moment-là, le téléphone sonne, il décroche. Puis il pose le cornet et me lance: «Ben tiens, c'est comique ça, quand on parle du loup… C'est Bernard. Je te le passe.» Je ne sais pas où me mettre, je suis tétanisé! Je vais devoir parler à Tapie! Je prends le téléphone, il est direct: «Salut Daniel, ça t'intéresse de venir à l'OM?

Tu as envie de jouer la Ligue des Champions avec moi?» Je n'en reviens pas. Pour moi, Marseille, c'est le top. C'est la victoire en Coupe d'Europe contre le grand Milan avec une équipe de feu, avec Raymond Goethals, Fabien Barthez, Basile Boli, Marcel Desailly, Rudi Völler, Didier Deschamps. Ça me fait aussi penser à Jean-Pierre Papin, à Chris Waddle, à plein de joueurs exceptionnels.

À ce moment-là, l'OM est un peu dans le trou, il ne s'est pas encore tout à fait relevé de l'affaire Valenciennes, mais je suis certain que ce club a les moyens de se relever avec Bernard Tapie et Robert Louis-Dreyfus. Et je pense directement au niveau général du championnat de France, au grand pas en avant que je pourrais faire. Avec Charleroi, on se prenait des branlées contre des équipes de Ligue 2… Même chose avec le Standard. Je pense aussi aux centres de formation des clubs français, la référence en Europe. Et aux Bleus qui sont champions d'Europe et champions du monde. Il y a aussi la médiatisation de la Ligue 1. Je suis hyper emballé. J'ai aidé le Standard à se qualifier pour la Coupe d'Europe, je sais que Marseille ne la jouera pas la saison suivante, mais ça ne compte même pas. Je me sens prêt. En plus, si j'accepte, je retrouverai Tomislav Ivic, qui retourne là-bas. Et je me souviens alors de ce qu'il m'a promis à mon arrivée au Standard: «Tu deviendras le plus gros transfert sortant de l'histoire du club. Et un des joueurs belges les plus chers de l'histoire. J'ai vu défiler un paquet de très grands joueurs. Crois-moi, tu vas aller très haut et tu vaudras énormément d'argent.»

_ 05
Premiers pas chez les Diables

> « Quand j'arrive en équipe nationale, Wilmots s'occupe de mon cas, il sent que j'ai la dalle, que je suis prêt à tout »

Sarajevo, sa misère, son enfer, je connais, j'ai donné… J'y ai fait un déplacement horrible avec les Espoirs en 1999. La guerre est à peine terminée, on part là-bas pour un match éliminatoire de l'EURO. On gagne, mais quelle galère ! On voit clairement que les gens se sont battus et que c'était du lourd. Il y a des impacts énormes de balles et de bombes dans les façades, les Bosniens sont marqués et tristes. La région est pleine de cicatrices. L'accueil est catastrophique. Et notre hôtel est miteux. Au petit-déjeuner, il n'y a que le beurre qui m'inspire un peu, j'ai peur d'essayer autre chose. La confiture, le fromage, je ne m'y risque pas ! Je gratte avec mon couteau et je découvre que ce beurre est complètement moisi, tout vert en dessous. Il doit être périmé depuis quelques mois. La viande sent mauvais, on n'ose pas y toucher. Je me rabats sur des corn-flakes pendant tout le séjour. Il y a des malades dans l'avion du retour, Olivier Renard a chopé la salmonellose. Et mon lit est minuscule. Évidemment, ce n'est pas la première, et pas la dernière fois que je dors mal en déplacement. Quand on fait près de deux mètres, il faut s'y attendre, la literie n'est pas toujours adaptée, j'ai des problèmes une fois sur deux, mes pieds dépassent un peu du matelas, la plupart du temps. Mais à Sarajevo, c'est le top. Il manque une trentaine de centimètres pour que je puisse m'allonger. Je dois me replier, dormir en boule, comme un bébé. Ça fait du bien quand il fait froid mais on tient difficilement plus d'une demi-heure…

Je n'ai pas beaucoup joué avec les Espoirs. C'est normal puisque je suis devenu pro très tard. Entre mes premiers matches avec Charleroi et l'âge limite pour jouer en moins de 21 ans, il y avait peu de temps. Mais j'ai des souvenirs magnifiques avec Jean-François de Sart. Je fais la plupart des matches de qualification pour l'EURO 2000. On gagne facilement notre poule en explosant presque tous nos adversaires. En deux matches, on met douze buts à l'Estonie. Et huit à la Bosnie-Herzégovine.

On affronte les Pays-Bas en barrages. On fait 2-2 chez eux, c'est bien parti, on est presque au Championnat d'Europe. Mais je prends ma deuxième carte jaune et je ne peux pas jouer le match retour. On perd à domicile, j'ai la haine. J'avais trop envie de jouer un premier grand tournoi. Et à ce moment-là, de Sart nous dit régulièrement que le staff des Diables nous suit de très près. Il n'invente rien, plusieurs joueurs se retrouveront plus tard en équipe A: Olivier Renard, Jean-François Gillet, Walter Baseggio, Bernd Thijs, Wesley Sonck,…

Je suis encore à Charleroi, je n'ai joué que quelques matches en D1 et Georges Leekens s'intéresse déjà à moi. Une journée de fou… Les Diables préparent un match contre la Bulgarie, ils sont en stage à Ostende. Leekens veut faire une rencontre d'entraînement, il a besoin de quelques joueurs en plus. La Fédération appelle chez mes parents et demande si ça m'intéresse. Évidemment! Mon père répond tout de suite à ma place. Leekens dit dans les journaux que ça lui permettra de voir des renforts potentiels. Je suis tout excité. Je viens de rentrer de l'entraînement mais je dis à mon père: «Je vais aller courir un peu, il faut que je sois au top demain…» Le match est programmé à 9h45, il faut donc partir très tôt de Froidchapelle pour être sûr d'arriver à temps à Ostende. Ça fait 200 bornes! J'entends encore mon père: «La nuit va être courte, fiston!» On doit passer par le ring de Bruxelles et on a peur des embouteillages. Je me lève à quatre heures pour prendre un petit-déjeuner costaud. On démarre à cinq heures et je dors pendant une bonne partie du trajet, je suis KO. Chaque fois qu'il voit que j'ouvre un œil, mon père me fait du bourrage de crâne, il me dit que je dois jouer mon jeu, que je ne dois surtout pas être timide. Je ne me sens plus en arrivant au rendez-vous à Ostende, je plane quand je me retrouve dans le même vestiaire que les meilleurs joueurs belges. Je ne suis pas le seul jeune que Leekens a invité. Il nous rassure : « Les petits, vous commencez calmement, vous vous mettez sagement dedans, puis vous y allez à fond. Je veux tester mon équipe, vous ne jouez pas contre des potes, n'ayez peur de rien et de personne. » Après quelques minutes, je tacle un titulaire. C'est correct mais il s'étale. Leekens crie : « Super ! » Je dois tenir Johan Walem et Luis Oliveira, je fais un tout gros match. Au retour, dans la voiture, on est au top… J'en ai plein les yeux. Dans les journaux du lendemain, Leekens parle de moi : « Daniel Van Buyten s'est levé en pleine nuit pour venir jouer ce match. J'apprécie. C'est un gars qui veut y arriver. »

Quand Robert Waseige remplace Georges Leekens, il pense aussi à moi. Évidemment, il me connaît très bien. On a une conversation quelques mois avant l'EURO 2000. Il se tâte. Mais je suis un peu blessé, je ne peux pas m'entraîner à fond et je ne suis pas sûr d'être tout à fait rétabli à temps. Alors, il m'explique qu'il ne peut pas prendre le risque. Un tournoi pareil, ce n'est pas la même chose qu'un match normal. Je suis en même temps déçu et heureux. Je suis persuadé que ma chance va venir très vite. Quand l'Union Belge confirme Waseige au poste de coach, après l'EURO, je suis vraiment rassuré. Et à chaque match qui suit, je suis collé à mon poste de radio au moment où on doit annoncer la sélection. Je sens que j'en suis de plus en plus proche.

Je suis appelé pour la première fois en début d'année 2001. Ce jour-là, une équipe télé de la RTBF me suit. Près de quinze ans plus tard, ce reportage est toujours disponible sur youtube : un grand moment… Il m'arrive encore de le visionner et ça me fait toujours autant rigoler. Marc Delire, un cameraman et un preneur de son débarquent chez moi très tôt. J'habite à Liège, rue du Travail. Delire fait son jeu de mots : « Travailler quand on habite dans cette rue, c'est pas trop compliqué. » La première image, c'est mon réveil qui sonne. Je me lève en baillant un bon coup, je me force, on me voit ensuite dans ma salle de bains puis dans le divan avec la commande de la télé, je regarde évidemment du foot. Après cela, je passe chez mon coiffeur, qui est aussi celui de Robert Waseige. Il dit que le coach est venu la veille et lui a un peu parlé de moi. Delire fait une nouvelle feinte, sur mes longs cheveux. Puis, je monte dans ma voiture, la Volvo que j'ai récupérée de Vedran Runje : une C70, j'adore, je suis le king là-dedans. Et là, il y a un grand moment du reportage, celui qui me fait le plus rire, encore maintenant. Je fais une fixation sur la propreté de l'intérieur de ma voiture, et en même temps, je suis conservateur, je ne jette rien. J'ai l'habitude de pendre un petit sapin au rétroviseur pour que ça sente bon. Quand il ne dégage plus rien, j'en mets un autre. Mais je laisse le premier. Finalement, ça fait une rangée de sapins et ça se voit bien à la télé. Les joueurs du Standard et des potes qui voient le reportage se moquent de moi ! Ils me disent qu'il n'y a rien de plus kitsch. Dès que je suis installé au volant, un ami appelle et m'apprend que je suis dans les vingt de Waseige. C'est directement confirmé au journal parlé. La RTBF ne fait pas une mise en scène, ce n'est pas du chiqué, tout se fait en temps réel, j'apprends vraiment ma première sélection à ce moment-là. C'est aussi la première pour Timmy Simons. On voit que je suis très ému, je dis que mon père a certainement les larmes aux yeux. Le tournage continue, j'arrive à l'entraînement du Standard, il neige. Délire interroge quelques joueurs, il leur demande de me décrire en quelques mots. Didier Ernst dit : « Daniel, c'est la bête, c'est King-Kong. » Laurent Wuillot lâche : « C'est muscle man. » Michaël Goossens varie : « Je suis timide mais je me soigne. »

Je ne suis pas traumatisé quand j'arrive pour la première fois chez les Diables. Je vais directement à la table des joueurs que je connais le mieux : Émile Mpenza, Éric Deflandre, Danny Boffin, Marc Wilmots. Ils n'arrêtent pas de raconter des conneries, je rigole comme un malade mais je ne dis pas grand-chose. Je ne suis plus timide comme à mes débuts pros mais je ne fais pas le fanfaron. Wilmots s'occupe beaucoup de moi, il me parle, il me conseille. Il sent que j'ai la dalle, que je suis prêt à tout.

Commencer avec les Diables à domicile contre Saint-Marin, c'est l'idéal. Il n'y a pas une grosse pression, pas trop de monde. On gagne évidemment, les doigts dans le nez : 10-1. On prend un bête but sur leur seule occasion. Je joue tout le match et je ne suis jamais vraiment inquiété. En rentrant au vestiaire, je n'ai qu'un regret : je n'ai pas marqué alors que je me suis retrouvé deux ou trois fois devant le gardien. Je m'en veux et je dis à mon père : « Tu imagines, j'aurais pu marquer deux ou trois buts pour mon premier match. Ça aurait été historique. » Il me rassure : « Mais fiston, tu crois que les gens auraient retenu ton nom si tu avais buté dans un match gagné 10-1 ? Dans quelques jours, qui se souviendra encore des buteurs ? Par contre, si tu mets ton premier goal contre une toute grosse équipe, et s'il est décisif, là, tout le monde parlera de toi. Et pendant longtemps. Arrête d'être triste, continue à bien bosser, ça viendra. Pour toi, ça ne fait que commencer.»

_ 06
Écosse – Belgique 2001

> « On est dans les arrêts de jeu, corner, je monte dans le rectangle, j'ai deux bœufs qui me collent »

Un mois après Saint-Marin, il y a un déplacement en Écosse, toujours en qualifications pour la Coupe du Monde 2002. Là, c'est du très sérieux ! Je suis à nouveau appelé et je sens une énorme différence dès le premier entraînement. Concentration ! Je n'ai vraiment plus l'impression d'être venu pour préparer un amical ou un match que les Diables sont sûrs de gagner en se promenant... Avant Saint-Marin, les journaux s'étaient amusés à pronostiquer le nombre de buts qu'on allait leur mettre, ils avaient rappelé leurs statistiques catastrophiques, les casquettes qu'ils prenaient chaque fois qu'ils jouaient. Les Écossais n'ont pas la meilleure équipe d'Europe mais tout le monde sait qu'ils ne lâchent jamais rien. Un Écossais mord chaque ballon, ça dure jusqu'à la dernière minute. Et quand il joue chez lui, il est d'office encore plus déchaîné, en transe. On n'a pourtant pas le choix, on doit prendre quelque chose là-bas pour garder une chance de qualification parce que les Croates font un gros parcours. Logiquement, ça doit se jouer entre eux et nous.

Je n'ai aucune garantie de jouer, loin de là. Je ne suis encore qu'un petit nouveau et il est probable que Robert Waseige fera plutôt confiance à des défenseurs expérimentés qui ont déjà connu des rendez-vous aussi importants, aussi stressants. Pourtant, j'ai mon fan-club là-bas... Froidchapelle prend l'avion pour Glasgow ! Il y a notamment le docteur Pirotte, notre médecin de famille. Un vrai fan de foot qui s'est toujours intéressé à ce que je faisais. Il y a Parrain, le patron du

Martinsart, un restaurant qui est une institution dans mon village. Et la belle-famille de Jean-Baptiste Marlier, mon meilleur ami d'enfance, fait aussi le déplacement. C'est loin, le voyage dure longtemps, je les ai prévenus que j'avais peu de chances d'être sur le terrain, mais ils veulent tous y aller. Ils me disent que si Waseige m'a lancé contre Saint-Marin, il va peut-être encore me faire confiance en Écosse. Et de toute façon, ils sont accros au football anglais et écossais, donc ils sont sûrs que le séjour va leur plaire, qu'ils n'iront pas pour rien. Dans la bande, plusieurs mettent le kilt. Comme les vrais, sans rien en dessous…

Je ne suis pas titulaire. Sans surprise. La concentration est au top, il n'y a pas un bruit dans le vestiaire, je ressens une tension extrême. Waseige nous booste à fond, il nous fait un discours assez agressif : «Les gars, on va devoir faire un tout gros match. En face de nous, c'est l'Écosse. Une grosse écurie. On va jouer dans une ambiance extraordinaire. Ici, les supporters sont des fanatiques. Si on a le malheur d'encaisser en début de match, je vous promets que ça va être l'enfer, qu'on va vivre un vrai calvaire. On doit aller au combat.»

Ça commence très mal. Après deux minutes, c'est 1-0. On souffre. Les Écossais continuent à pousser. Avant la demi-heure, on prend le coup de grâce. Éric Deflandre a un réflexe malheureux, il touche légèrement le ballon du bras sur la ligne, penalty, carte rouge, 2-0. Logiquement, quand tu as deux buts de retard chez les Écossais, quand tu dois en plus jouer la dernière heure à dix, c'est cuit de chez cuit ! Le stade est en ébullition, on se fait balader, on court comme des fous, tout le monde est hyper fatigué. Pour moi, le scénario est clair : on va devoir sortir et leur laisser des espaces, ils vont faire entrer deux ou trois hommes frais et nous mettre la misère, nous défoncer encore un peu plus. Pourtant, j'ai une petite part d'inconscient qui me fait croire que ce n'est pas fini. La jeunesse, sans doute… Je ne pense jamais au pire. Il faut juste marquer le plus vite possible pour les faire douter.

Il reste une grosse demi-heure, Robert Waseige me fixe : «Va t'échauffer ! Allez, ne traîne pas, j'ai besoin de toi !» Je suis complètement désorienté. Je pars à l'échauffement et ça ne se passe pas trop bien parce que je suis stressé à mort. J'essaie de faire des petits pas pour ne pas me fatiguer… mais je fatigue super vite. À cause de la tension nerveuse, probablement. Derrière les grillages, les supporters sont toujours aussi déchaînés. Waseige me rappelle vite : « Dépêche-toi, viens. » Je ne sais plus où je suis. Je suis à bout de souffle alors que j'ai à peine couru. Je connais très bien Waseige et je ne l'ai jamais vu excité comme ça, c'est sans doute ce qui me paralyse encore un peu plus, ce qui me fait perdre mes moyens. Quand je reviens près du banc, il me briefe : « Ce n'est pas compliqué, je te connais, tu as une super condition physique. On n'a plus personne à droite, tu vas faire tout le flanc. Tu fais le boulot d'Éric. Sur chaque phase arrêtée, je veux que tu sois présent devant. Sur chaque attaque des Écossais, tu dois être derrière. Et tu ne te poses pas de questions, joue. »

Après quelques minutes, je suis mort, je me dis que je ne vais jamais tenir jusqu'à la fin. J'ai l'impression d'être partout : à gauche, à droite, au milieu, derrière, devant ! Et mes premières interventions n'ont vraiment rien de terrible. J'ai les jambes qui tremblent, elles vont dans tous les sens. Comme on dit en wallon, je *triane* de partout… Je suis sûr que je suis occupé à décevoir le coach, ça me stresse. J'ai la respiration coupée. Ce n'est que mon deuxième match avec les Diables et je suis dans une ambiance de malades. Mais on marque très vite, quand je suis à peine sur le terrain : Marc Wilmots fait 2-1, de la tête. Plus qu'un but à remonter. Et je commence à trouver doucement mes repères. Je fais deux ou trois trucs pas mal, je réussis même un beau sauvetage défensif en recoupant un Écossais qui partait dans le dos de Glen De Boeck. Je m'installe dans mon match, ça va beaucoup mieux.

Puis, il y a ce dénouement complètement fou, irréel. On est dans les arrêts de jeu, on force un corner. Je monte dans le petit rectangle. J'ai deux mecs qui me collent. Des monstres, des bœufs. Le ballon arrive, une des deux bêtes dégage en touche. Je parle tout seul : « Oh putain, le coup de tête qu'il vient de mettre, l'autre ! » On fait la rentrée, Sven Vermant centre, je me dis qu'elle est pour moi, je la sens bien. Les deux molosses sont toujours là, je dois me dégager d'eux et attaquer le ballon en premier, ça marche, je reprends de la tête. Le gardien est battu, 2-2, on revient de nulle part. Et là, je fais n'importe quoi. Je ne sais plus où je suis. Je ne pense même pas que je sauvegarde nos chances de qualification, je sais seulement que je viens de marquer un but pour la Belgique, mon premier. Je cours n'importe où, plusieurs joueurs essaient de m'attraper, il y en a un qui accroche l'élastique que j'ai dans les cheveux, il le fait exploser et mes tifs partent dans tous les sens… Je ne sais pas où je dois aller. Tout à coup, je vois un petit râblé tout excité devant notre banc, c'est Waseige. Je ne l'avais jamais vu aussi heureux, il se lâche complètement. J'ai l'impression de voir mon père et je fonce vers lui. À ce moment-là, je sais ce que je vais faire : je veux l'embrasser, le serrer, j'ai envie de lui casser les os. Mais au dernier moment, ma timidité reprend le dessus et je ne lui donne qu'une petite tape. Aujourd'hui, je ne sais toujours pas pourquoi je n'ai pas osé le lever bien haut ! Dans notre vestiaire, c'est la folie, on dirait une bande d'étudiants. Ce nul est une victoire, c'est clair et net. On reste en course pour la qualification. Waseige prend la parole : «Vous avez pris un point dans un match de guerriers, ça doit être un match référence pour tout le monde, un exploit qui va nous porter vers la Coupe du Monde. Vous n'allez jamais oublier ce que vous venez de faire.» Depuis le vestiaire, on entend le kop belge qui continue à chanter mon nom. Avec mon médecin, Parrain, mes potes en kilt… Plus de dix ans après, j'ai encore la chair de poule quand j'en parle. C'était énorme, énorme, énorme !

Mon père n'a même pas vu le match en direct. Pour gagner un peu d'argent, il anime des soirées, des rendez-vous de pensionnés, des trucs pareils. Il passe de la musique, il joue lui-même et il chante. On en a besoin. Ce jour-là, il doit être à un bal musette à Thuin, c'est programmé depuis longtemps et il ne peut pas l'annuler. De toute façon, lui non plus n'imagine pas que je vais jouer. Si on reprend les journaux de l'époque, on voit d'ailleurs que personne ne comptait sur moi. Absolument personne… Mon père prévient simplement l'organisateur du bal qu'il s'éclipsera quelques minutes de temps en temps pour aller écouter le match dans sa voiture. Il a demandé si on pouvait mettre une télé dans un coin mais ce n'était pas possible. Quand il entend que je suis monté au jeu, il retourne dare-dare dans la salle, il demande si on peut servir le repas et il met une musique d'ambiance. Il veut évidemment tout écouter jusqu'au bout. Et quand je marque, il craque complètement. Il se met à pleurer comme un gosse. Il rentre dans la salle, il a les yeux rougis, il prend le micro et annonce que son fils vient de marquer un but pour les Diables Rouges. Pour tous ceux qui ne s'intéressent pas au foot, il explique que c'est seulement ma deuxième sélection et que c'est un match super important, que mon but va peut-être aider la Belgique à aller à la Coupe du Monde au Japon et en Corée... Petit souci pratique, après cela, il n'a plus de voix, il n'est plus capable de chanter, il ne peut même plus prendre un instrument ! Il y a pas mal de chansons émouvantes dans son répertoire et il sait qu'il va chialer s'il tente le coup. Alors, il passe des musiques et il s'excuse. Quand il démonte son matériel, après la fête, il s'excuse encore une fois auprès de l'organisateur de la soirée. Le gars le met à l'aise : « Arrête, Franz, tu nous as fait vivre un moment extraordinaire. C'était top. »

Le lendemain, c'est le grand jour à Froidchapelle : le laetare, notre carnaval, une fête que personne au village ne raterait. Ça se prépare des semaines à l'avance, les gens passent un temps fou à préparer leurs costumes, à fabriquer des chars. Et il y a toujours un monde dingue. Je n'y vais pas. Je suis rentré tard de Glasgow, je suis retourné directement à Liège. Pour mes parents, c'est la folie. Ils se font accoster par des centaines de personnes, on les félicite, je fais la une du laetare sans y être... Et quand je revois mon père en début de semaine, il me parle presque autant du match contre Saint-Marin que de mon but en Écosse : « Tu te souviens de ce que je t'avais dit, fiston ? Je te voyais tellement déçu parce que tu n'avais pas marqué. Mais tu crois qu'on en parlerait encore aujourd'hui si tu avais buté ce jour-là ? Même si tu en avais mis trois, tout le monde l'aurait déjà oublié. Au lieu de ça, tu viens de faire un truc de fou, et regarde les journaux, il n'y en a que pour toi. Crois-moi, ça va être un boost incroyable pour ta carrière. C'est ça, la vie. Tu travailles, tu sèmes, tu récoltes, mais parfois il faut savoir attendre. »

La semaine qui suit est un peu folle. Michel Preud'homme me fait un compliment dès que je rentre au Standard : « On dit souvent que je suis le fils spirituel de Robert Waseige, maintenant j'ai un frère... » Je me rends compte que mon lien avec Waseige s'est encore renforcé après ce match. Ce qui se passe entre nous est vraiment spécial. Je le vois plus que jamais comme un double de mon père, je le trouve de plus en plus attachant et chaleureux. Ils s'entendent très bien, ça ne m'étonne pas. Ils discutaient régulièrement après les entraînements quand j'étais à Charleroi et ils avaient plein de choses à se dire, des sujets de discussion communs. Deux hommes sages avec une expérience énorme de la vie. Quinze ans plus tard, je me sens encore comme un petit gamin quand je rencontre Robert Waseige. Je ne suis plus intimidé mais j'ai un respect extraordinaire pour lui.

J'ai probablement une part d'inconscient qui me rappelle que s'il n'avait pas cru en moi à Charleroi, je ne serais peut-être pas devenu footballeur professionnel.

Au Standard, j'ai prévu de fêter mon but avec tout le groupe. Je passe au Makro, j'achète des chips, de la bière et du champagne. Et je rigole tout seul en faisant la file à la caisse… Je me souviens de mes anniversaires à Somzée. Quand c'était leur tour, tous mes potes débarquaient avec des chopes. Moi, je venais avec mes bouteilles de Gatorade et ça les faisait rire. Le week-end qui suit le match en Écosse, les festivités continuent. On va jouer à Charleroi et c'est un soir très spécial là-bas. Une date historique. Dante Brogno joue son tout dernier match en D1, il a surpris tout le monde quelques jours plus tôt en annonçant que c'était fini pour lui, qu'il passait dans le staff. C'est une petite révolution, un mini tremblement de terre. Ça m'interpelle. Le foot, c'est terminé pour le coéquipier que j'admirais le plus quand je suis devenu pro. Il reçoit des fleurs avant le coup d'envoi et tout le stade l'acclame, ça fait un bruit pas possible. Moi aussi, je suis fêté pour mon but à Glasgow. Je n'ai jamais eu de problèmes avec les supporters de Charleroi après être parti au Standard, c'est extrêmement rare parce qu'ils ont toujours détesté les joueurs qui s'en allaient dans ce club, ils les considèrent comme des traîtres, les sifflent et les insultent à chaque retour. Je suis une des exceptions. Brogno s'offre un ultime exploit : il marque son tout dernier but juste après avoir complètement déchiré mon maillot dans un duel à la limite… Moi aussi, je marque, mais l'arbitre l'annule. C'est une soirée où je passe par toutes les émotions.

_ 07
Marseille et les délires de Tapie

> « Le jour où je dois partir à Marseille, je m'enferme dans ma chambre, je suis en larmes, je fais tout pour rater mon avion, je veux tout annuler et faire ma carrière en Belgique »

Après le fameux coup de fil chez Lucien D'Onofrio à la fin de ma deuxième saison au Standard, Bernard Tapie continue à me draguer. Il me veut à Marseille ! Il me répète qu'il va construire une équipe capable de gagner la Ligue des Champions, il m'explique qu'il a un tout gros investisseur avec lui, un homme sans limites : « Robert Louis-Dreyfus va mettre le paquet, on vise le titre directement. Je vais faire plein de transferts, il y aura des grands noms. Crois-moi, je ne reviens pas à Marseille pour faire de la figuration. Ce n'est pas mon style. » Il me flatte en parlant de mon jeu : « On m'a dit que tu étais le meilleur défenseur belge, je vais faire de toi le meilleur arrière d'Europe. Mais pour ça, tu as besoin d'un tout grand club. Tu sais au moins que la Ligue des Champions, je l'ai gagnée ? Ça te plaît ? Je ne vais pas y aller par quatre chemins : tu veux venir chez moi ? » Je ne sais pas quoi dire. Je suis vraiment impressionné, presque gêné, et j'essaie de répondre quelques trucs, du style « Je crois que je ne me débrouille pas trop mal » et « Merci pour les compliments ». Il me dit aussi qu'il peut trouver sans problème un deal avec D'Onofrio.

Mais rien n'est simple… Parce qu'il y a un autre très grand club qui s'intéresse à moi ! Le Bayern me veut aussi ! Ce n'est pas une rumeur, un bruit lancé par un agent ou un journal. C'est très concret. La direction m'invite à Munich pour discuter. Et tous les gens qui comptent sont là. Uli Hoeness, Karl-Heinz Rummenigge, le responsable des contrats. Il y a aussi le coach, Ottmar Hitzfeld. Mais je suis blessé au pied. Ils le savaient quand ils m'ont contacté mais ils ne s'attendaient pas à me voir débarquer avec un plâtre et des béquilles. Je sens directement que ça les glace un peu. Je minimise, pour moi c'est bénin. Mais pour eux, il est hors de question que je signe avant d'être passé entre les mains de Hans-Wilhelm Müller-Wohlfahrt. C'est le médecin historique du Bayern, une sommité dans toute l'Allemagne. Évidemment, il ne peut pas m'examiner aussi longtemps que j'ai un plâtre. Ils me disent qu'ils ne sont pas inquiets mais qu'ils ne feront pas d'exception. Ils proposent qu'on se revoie quelques jours plus tard, je comprends qu'ils sont toujours fort intéressés. Hitzfeld m'avoue qu'il est impressionné par ma taille, Hoeness est surpris que je connaisse aussi bien l'allemand. Il ne savait pas que ma mère était originaire de Hanovre. C'est moi qui parle pendant un long moment, ils se taisent et m'écoutent. Je leur explique ma vie, je leur dis que leur club m'a toujours fait rêver, que je recevais des cadeaux du Bayern quand j'étais gosse : des maillots, des posters,… Ils rigolent quand j'ajoute que j'ai reçu un jour une brosse à dents du Borussia Dortmund et que je ne l'ai jamais sortie de sa boîte. Je ne fais même pas du show : le Bayern, je le kiffe ! Ils me demandent si je me sens capable de vivre en Allemagne, je réponds que j'ai souvent passé les grandes vacances dans la famille de ma mère. Vraiment, s'il n'y avait pas cette blessure, on signerait directement. Je suis encore sous contrat au Standard mais ils savent qu'aucun club ne résiste quand le Bayern se manifeste parce qu'ils sortent le prix demandé, point à la ligne. Ils prévoient d'aller discuter à Liège dès que j'aurai passé la visite médicale et me disent ce que je peux gagner pendant cinq ans. J'hallucine. Je suis prêt à fondre. Mon salaire sera multiplié par dix. Au moins ! Et ils me montrent déjà la place que j'aurai dans le vestiaire. Je leur signale quand même que je suis en contact avec Marseille. Et là, ils éclatent de rire. Hoeness me lâche : «Marseille ? Tapie ? Mais c'est la mafia. Surtout, ne va jamais là-bas.»

Je suis dans une situation très délicate. Lucien D'Onofrio a appris que le Bayern était chaud. Des scouts allemands sont venus me voir plusieurs fois en cours de saison, il a entre-temps compris que c'était probablement pour moi. À ce moment-là, il me met un ultimatum : j'ai trois jours pour décider si j'accepte ou pas la proposition de Marseille. Après ça, leur offre tombe à l'eau. D'Onofrio se sent fort dans cette histoire, il a certainement compris que je ne signerais pas en Allemagne en étant plâtré. Le Bayern, pour moi, c'est le top. Mais l'OM, c'est super aussi. Je viens d'ailleurs d'acheter la tenue complète, comme un simple supporter. J'ai peur de tout rater. Et si la visite médicale à Munich tourne mal ? Je devrais finalement rester au Standard ! J'aurais tout perdu ! Finalement, je joue la sécurité et je dis oui à Bernard Tapie.

On est à un an de la Coupe du Monde, les Diables risquent fort d'y aller. J'y pense. Je n'ai pas intérêt à passer une saison sur le banc parce que ça me coûterait probablement ma place dans le groupe. Mais je suis rassuré quand Robert Waseige dit à mon père qu'il ne craint rien pour moi. Ils sont bien d'accord, je vais vite m'imposer dans le championnat de France. Waseige lui dit que Marseille, c'est le top, que j'ai fait un très bon choix. Et en étant transféré pour douze millions d'euros, je deviens le joueur le plus cher de l'histoire du football belge. Ivic l'avait prédit… Je n'en fais pas une fixation mais j'en suis quand même fier, je sais que j'entre dans un palmarès particulier. C'est une bonne pub.

Mais la journée de mon départ pour Marseille est l'une des plus horribles de ma vie… Je n'assume plus… J'ai décompté les jours, je me sens de plus en plus angoissé, maintenant il faut y aller. Mon avion décolle en tout début d'après-midi, je dois rejoindre l'équipe en stage à Font-Romeu, dans les Pyrénées. Je ne peux toujours pas m'entraîner sur le terrain, je ferai des exercices de rééducation sur le côté et mon contrat n'est pas encore signé. Je fais sonner mon réveil très tôt. Et là, dès que je suis debout, ma décision est prise : je ne pars pas. Je descends, je dis à mon père que j'annule tout. Il ne comprend pas, il me fixe : « Quoi ? Qu'est-ce que tu me racontes ? » Je fonds en larmes : « Papa, je ne veux pas vous quitter. » Je remonte. Il ne comprend plus rien. Il appelle directement Christophe Henrotay : « Je sens que Daniel a dur… » J'envoie un SMS à Christophe : « C'est grave si je loupe l'avion ? On ne peut pas reporter de deux ou trois jours ? » Je n'ai qu'une idée en tête : le louper, cet avion ! Il me téléphone deux minutes plus tard : « Qu'est-ce que tu m'envoies, là ? » Je lui explique que je ne suis plus sûr du tout d'avoir fait un bon choix, que je me sens trop bien chez mes parents, que j'ai trop besoin de mon cocon. Alors, il me secoue : « Daniel, la vie, ce n'est pas ça ! Le foot, ce n'est pas ça ! Tu verras, Marseille, c'est super. Tu vas jouer en Ligue 1. Et peut-être un jour en Ligue des Champions, c'est ton rêve depuis longtemps. Ce sera extraordinaire. Tu dois faire des choix de carrière. Il est hors de question que tu rates l'avion. Tu ne vas pas tout gâcher simplement pour pouvoir rester à Froidchapelle. Prends tes affaires et pars. » Notre discussion dure au moins une demi-heure et je ne suis toujours pas plus rassuré. Je reste dans ma chambre, je gagne du temps, j'ai toujours l'intention de partir trop tard, d'arriver en retard à l'aéroport… Mon père panique, il essaie de me raisonner : « Fiston, Marseille, ce n'est qu'à deux heures. Tu pourras rentrer quand tu le voudras. Et on ira te voir, on ira en vacances près de toi. On ira pêcher à deux. Tu vas très bien gagner ta vie, là-bas ! » On tourne en rond, j'ai réponse à tout : « Tu ne me comprends pas, je suis si bien dans ma chambre. Tu sais quoi ? Je vais faire toute ma carrière en Belgique. Comme Dante Brogno. Il a fait ça à Charleroi, je pourrais le faire au Standard. Ça peut être très bien aussi. Et si je n'ai pas assez d'argent le jour où j'arrêterai, j'irai travailler, pas de problème. »

Je ressens subitement une grosse peur de l'étranger, un gros blocage. J'ai la hantise d'être livré à moi-même. J'entends leurs arguments mais je ne les écoute pas. On part quand même. Le moment où on met mes valises dans le coffre de la voiture est aussi un mauvais souvenir pour la vie. Mes parents me conduisent à l'aéroport de Charleroi, ma fiancée Céline aussi. On s'arrête en route pour dire au revoir à des cousins. Encore des larmes. Tout le monde est perdu. Et au contrôle des passeports… Je dois les laisser. Y aller seul. Je me retourne, je les vois tous, j'ai encore envie de faire demi-tour. Mais je m'en vais !

Dans l'avion, je continue à me poser plein de questions. Je reste convaincu que je me suis trompé, que j'ai fait le mauvais choix. J'atterris à Carcassonne, c'est un choc. Le ciel est bleu et il fait étouffant, insupportable, alors qu'il faisait gris et frais en Belgique. Un chauffeur du club m'attend pour me conduire à Font-Romeu. Je m'accroche pour ne pas chialer devant lui. On fait une bonne centaine de kilomètres, ça me paraît interminable. Et j'arrive blessé, ça n'arrange rien. Les joueurs sont à table quand on débarque à l'hôtel. Je ne connais personne. Ils commencent à me parler avec leur accent marseillais, j'ai un peu de mal à les comprendre. Je leur réponds avec mon accent… de Froidchapelle : « Bonjour tout le monde, comment ça va ? » Ça les fait un peu rigoler. Je ne me sens pas rejeté mais je suis seul. Et il y en a qui me mettent la honte. J'ai des chaussettes blanches, assez hautes. On me dit : « Hé le Belge, tu fais quoi ? Tu vas faire un tennis ? Ici, c'est Marseille, hein ! » Ils sont morts de rire. Ils ont tous des soquettes. Je mange un peu puis je monte dans ma chambre, et là, je pleure à nouveau comme un gamin. Ça doit durer une bonne heure, impossible de me retenir. J'appelle mes parents, j'explose mon forfait GSM. Je leur répète que je rentre définitivement en Belgique. Je suis à bout. Mon père me reparle alors de sa carrière : « Je sais ce que tu ressens, fiston. J'ai connu la même chose. Moi aussi, je me suis retrouvé seul à l'étranger pendant des semaines, et toutes les nuits, je pleurais beaucoup. Attends au moins de découvrir Marseille. Là, tu n'y es pas encore, c'est un stage, tu ne vois que l'hôtel, ce n'est pas tout à fait ta nouvelle vie. Tu vas rencontrer des gens, tu vas te faire des amis. Et tu vas revenir en forme. Je sais que tout est encore plus compliqué quand on est blessé. Patiente un peu. Si dans quelques semaines, tu me dis que tu veux rentrer, je l'accepterai. Mais pour le moment, tu n'as pas toutes les cartes pour prendre ta décision. Entre-temps, on va se téléphoner très souvent. »

Après Font-Romeu, on enchaîne par un stage en Bretagne. Ça va de mieux en mieux. Mon pied est guéri. Et deux autres joueurs du Standard sont arrivés : Vedran Runje et Joseph Yobo. C'est important pour moi. Il reste seulement à former une équipe… Et ça, ce n'est pas simple. Notre hôtel est une auberge espagnole. L'OM est traumatisé par deux saisons ratées et Tapie a décidé de faire le ménage. Il veut faire partir une vingtaine de joueurs et on voit arriver des gars en test tous les jours. Certains ne restent que quelques heures. Dans les pages de sport des journaux du Midi, on ne parle que de ça, on se pose plein de questions, on se demande comment Marseille va retrouver la Ligue des Champions avec un demi-groupe. Mais je ne me tracasse pas trop.

Et mon père avait raison : la région de Marseille est magnifique. Je découvre les terrasses et les restaurants le long du vieux port, c'est un paradis. La bouillabaisse, plein de spécialités de poissons. Je goûte à tout, c'est top ! Et dès que je vois Cassis pour la première fois, je me dis que c'est là que je dois trouver un logement. J'y prends un appartement. Je ne suis jamais vraiment parti en vacances, je n'ai connu que les congés dans la famille de ma mère en Allemagne. Là, je suis dans un décor de rêve en étant bien payé pour faire le plus beau métier ! Je suis heureux. Je ris quand je repense au jour de mon départ. Chaque fois que j'ai mes parents ou Christophe au téléphone, je les remercie d'avoir insisté pour que je vienne. Je sais maintenant ce que j'aurais raté si j'avais fait capoter le transfert. Quand mon père vient, on part pêcher en mer, on s'isole dans les calanques, c'est fantastique. Je vis un truc de fou dans un club mythique et unique. C'est le feu ! Après quelques semaines, je revois déjà les gens du Standard. Ils sont en stage en France, dans la région où je dois consulter un spécialiste pour mon pied. J'en profite pour aller les voir. Il y a de l'émotion, plein de respect parce que le Standard me rappelle plein de bons souvenirs. Mais aussi beaucoup de fierté. J'arrive avec le survêtement de Marseille. Je ne fais pas le king mais je suis content et ça me plaît de le montrer…

Je dois encore prouver que l'OM ne s'est pas trompé, n'a pas trop dépensé pour mon transfert. Je comprends qu'il faut d'abord convaincre les journalistes. Ils se posent des questions. Personne ne me connaissait en France et j'arrive subitement pour une grosse somme. Marseille a la réputation de faire des transferts coûteux mais on s'interroge logiquement quand ça concerne un joueur qui a encore tout à prouver. Je ressens aussi un scepticisme anti-belge. La presse française ne s'étonne pas trop si un club met beaucoup d'argent pour un attaquant brésilien. Par contre, pour un défenseur arrivé du championnat de Belgique… Je suis tout nouveau dans le groupe des Diables et ils ne savent pas d'où je viens. Quand je parle du Standard de Liège, on me demande où ça se situe. Je réponds : « À Liège, tiens… » Il y en a un qui me dit : « Et c'est où, Liège ? Près d'Antwerpen ? » Là-bas, ils connaissent les diamants d'Anvers, ceux qui suivent le foot ont éventuellement entendu parler d'Anderlecht, mais pour le reste… Quand j'ai des conversations pareilles avant le début du championnat, je me dis que je n'ai pas intérêt à me planter parce qu'on ne me ratera pas si je fais trois mauvais matches. On rappellera que je suis venu de nulle part pour un pactole, que c'est encore un délire de Tapie. Dans les articles qu'on écrit sur moi, on parle plus de mon prix que de mes qualités : j'ai la pression. Ivic demande qu'on me laisse une période d'adaptation. Tapie se mouille aussi pour moi : « Vous allez vous rendre compte de son potentiel et du rôle qu'il peut jouer pour l'OM. Van Buyten ne va sans doute pas faire des gestes extraordinaires au premier coup d'œil mais il va compter. Soyez seulement indulgents avec lui, il est encore jeune et il doit découvrir la Ligue 1. Plus tard, vous comprendrez pourquoi on a dépensé autant d'argent. On n'a pas fait n'importe quoi.»

Je pourrais parler pendant des heures de tout ce que j'ai vu à Marseille. Pas nécessairement sur le terrain de foot… C'est une ville très chaude ! Et les joueurs de l'OM sont des proies, des victimes faciles. La route qui mène à la Commanderie, le centre d'entraînement, est une espèce de zone de non-droit. Il s'y passe les pires choses mais on y voit peu de policiers. Trop dangereux, ils ne sont pas fous ! C'est contrôlé par des bandes. On croise des gars avec des couteaux, d'autres avec des flingues. Ils rackettent des joueurs. Quelques maisons sont régulièrement cambriolées. Trois fois celle de Vedran Runje pendant qu'on est ensemble là-bas… La routine. Et c'est parfois pire. Un jour, j'ai un coéquipier qui est stoppé par un type avec un flingue, il lui dit de sortir de sa voiture et le gars la vole tranquillement. Le joueur qui se retrouve sans voiture continue sa route à pied ou monte avec un coéquipier qui le suit, c'est comme ça, il joue à l'OM et il sait qu'il doit assumer. J'ai la peur de ma vie après un match contre le Paris Saint-Germain. On a gagné 1-0, j'ai marqué. En arrivant à la Commanderie, je suis arrêté par des sauvages à quelques mètres de l'entrée. Ils m'obligent à descendre ma vitre. Je suis terrorisé. Je me dis : « C'est pas vrai ! On bat le PSG, je marque et je vais quand même me faire agresser ? Qu'est-ce qu'il leur faut pour qu'ils nous fichent la paix ? » Et là, un des gars, complètement excité, me dit : «Van Bouitène, toi mon vieux, on va toujours te respecter, jusqu'à ton dernier jour à l'OM. Tu pourras faire tout ce que tu veux. Parce que t'as marqué contre le PSG. T'es notre frère, notre ami. Respect le Belge !»

La rivalité entre Marseille et le PSG est unique. J'ai aussi le souvenir d'un clasico qu'on a joué au Parc des Princes. Pendant le trajet entre notre hôtel du centre de Paris et le stade, notre car est bombardé de pierres. À l'arrivée, il n'y a plus une vitre, on a pris plein d'éclats de verre. C'est le car de l'équipe de France, assez voyant ! Le club aurait mieux fait de nous faire voyager dans un car banalisé ou un bus avec des autocollants «Voyages Dupont»… Une autre fois, dans une rue étroite, on est bloqués par une voiture qui essaie difficilement de se garer. Des supporters du PSG nous ont vus, il y en a deux ou trois cents qui courent vers nous comme des malades. Le chauffeur est en pleurs, il a la peur de sa vie. Au moment où les gars sont à quelques mètres, il ne peut toujours pas avancer et il est prêt à foncer dans la voiture, à passer à travers tout. Elle ne nous laisse le passage qu'au tout dernier moment. Je n'ai jamais connu une haine pareille en Belgique, en Angleterre ou en Allemagne. Je pense que pour voir ailleurs des débordements aussi graves, il faut aller en Grèce. Kevin Mirallas m'a expliqué les derbies à Athènes qu'il a vécus quand il était à l'Olympiacos, c'est du même niveau, la même sauvagerie !

Bernard Tapie me parle comme mon père et il sort parfois la même expression : « Tu dois toujours chercher à être le numéro un parce qu'on ne parle jamais du numéro deux. La deuxième place, c'est la plus mauvaise, c'est nul, c'est la déception, la frustration, la rage. On fait tes éloges mais tu n'as rien. » On le voit assez souvent, Tapie. Surtout dans les moments chauds. Et il nous donne plein de conseils. Bons ou moins bons…

Un jour, il me prend à part et m'explique qu'on ne doit jamais boire dans une bouteille en plastique déjà ouverte : « Tu sais qu'on peut mettre n'importe quel produit dangereux dans une bouteille ? Pour être sûr qu'elle n'a pas été trafiquée, il y a un truc très simple : tu la retournes et tu la presses. Si elle ne fuit pas, c'est bon, tu peux l'utiliser. Si elle coule, tu la jettes, ça veut dire qu'on a essayé de te droguer. » À l'occasion, il nous fait aussi un speech sur la diététique des sportifs. Et il lui arrive de me prendre sur le côté avant le briefing tactique du coach, le soir d'un gros match : « Tu sais quoi, Daniel ? Tu sais ce que j'ai fait ? J'ai fait venir des gens de Milan, de l'Inter et du Real. Ils sont là pour toi. Je sais que tu veux aller très haut. Alors, si tu as envie de jouer dans un club pareil, sors-moi un match du tonnerre, défonce-moi le bazar. Allez gamin ! » Un mois plus tard, il me refait le coup en changeant les noms des clubs, ça devient Barcelone ou la Juventus… Ou encore ceci : « Tu sais que j'ai fait des gros trucs en Ligue des Champions avec Carlos Mozer et Basile Boli ? Et je ne te cite que ces deux-là. Tu sais où on gagnait nos matches décisifs ? Dans le tunnel qui mène au terrain. Alors, tu fais comme eux. Quand tu es dans le tunnel, tu vas voir l'attaquant. Tu le prends par le cou. Tu le menaces : – *Hé mon ami, si jamais tu viens me faire chier…* Et à ce moment-là, bam, tu lui mets un coup de boule dans la poitrine. Tu lui dis que s'il vient faire le malin sur toi, tu lui exploses les jambes. T'inquiète, personne ne le verra, il n'y a pas de micros, pas de caméras. Fais ça discrètos… Tu ne risques rien.» Bernard Tapie perd aussi ses moyens avant chaque match contre le PSG. Il fait une fixation sur Ronaldinho qui est alors le meilleur joueur du monde : «Tu le casses, tu le tues, il ne peut pas toucher le ballon.» Tapie, c'est un spectacle à lui tout seul.

_ 08
Coupe du Monde 2002

> « En face de moi, j'ai le trio Rivaldo – Ronaldinho –
> Ronaldo, je les kiffe trop, c'est ce qui se fait de mieux »

Après le fameux Écosse – Belgique en 2001, j'ai fait une petite parenthèse involontaire avec les Diables Rouges. J'étais blessé en arrivant à Marseille et j'ai raté le début du championnat. En septembre, je me suis installé dans l'équipe, j'ai découvert la Ligue 1, puis j'ai de nouveau eu un petit pépin physique. C'était compliqué, et il était logique que je ne sois plus repris en équipe nationale. Mais Robert Waseige me rassure, on reste en contact, je comprends que je fais toujours partie de ses plans pour la Coupe du Monde. Il m'explique qu'il a quelques joueurs en ballotage, qu'il a encore quelques hésitations mais que je ne suis pas un de ses cas à problèmes ! Il me dit que si je suis fit et titulaire avec l'OM, je serai dans ses 23. Le but que j'ai marqué à Glasgow a été important, je suppose que ça joue aussi dans son esprit.

Je suis donc spectateur quand on perd le match qu'il fallait gagner en Croatie puis quand on se qualifie finalement via les barrages contre la République tchèque. Mon absence dure près d'un an, mais quand je reviens, je m'impose vraiment ! C'est parti ! Et pour très longtemps ! À partir du début d'année 2002, je joue presque tous les amicaux. Et je fais des gros matches. Contre la Norvège, la Grèce, l'Algérie. Et surtout en France, quelques jours avant de partir au Japon. Je sens que c'est un match pour moi. C'est un rendez-vous de prestige : on va au Stade de France pour affronter l'équipe championne du monde et championne d'Europe. Personne ne sait à ce moment-là qu'elle va se crasher complètement à la Coupe du Monde, c'est imprévisible avec autant de stars! L'intérêt est énorme, c'est plein à craquer. Et c'est encore plus spécial pour moi que pour les autres, vu que je joue en Ligue 1. C'est un amical mais il y a de la pression, c'est le meilleur test possible. Et là, on fait un match de malades. Je suis au top. Je suis même à deux doigts de marquer. Tout y est: la manière et le résultat: 1-2 avec Marc Wilmots qui assomme les Bleus en marquant le but de la victoire dans les arrêts de jeu. C'est notre feu d'artifice, on sent qu'on a un peu traumatisé toute la France! Ils doutent à fond. Et nous, on plane complètement, on est prêts. Les Français vont partir au bout du monde avec plein de questions, les Belges sont persuadés qu'ils peuvent faire un gros truc, c'est un peu le monde à l'envers.

Pour la première fois de ma vie, je vais monter dans un gros Boeing… Je suis excité. Toute ma famille est là, à Bruxelles. On doit décoller de Paris. Mais le voyage en car pour y aller est mouvementé. Robert Waseige a un message à nous faire: «Bon les gars, il y a des bruits qui commencent à sortir, donc je vais être clair, c'est normal que vous soyez les premiers au courant. Je quitte l'équipe nationale après la Coupe du Monde. Je vais retourner au Standard. Mais ça ne doit surtout pas vous perturber. Les Diables Rouges existaient avant moi, ils continueront à exister après mon départ.» C'est quand même un choc. Pour moi, une énorme surprise. Et quand on arrive à l'aéroport de Paris, c'est la cohue. Les journalistes belges qui prennent l'avion avec nous viennent d'apprendre la nouvelle. Il y en a quelques-uns qui se déchaînent directement, ils parlent de scandale national, c'est un premier aperçu des relations qu'on va avoir avec la presse pendant tout le tournoi. On nous demande si le départ du coach ne risque pas de nous faire rater notre Coupe du Monde, on voudrait nous le faire dire pour que ça se retourne contre Waseige. Mais c'est n'importe quoi! On comprend tous sa décision, on la respecte. Il est liégeois, il a l'occasion de bosser dans un grand club près de chez lui. Et il a fait presque trois ans avec l'équipe nationale, c'est déjà long. La moyenne pour un sélectionneur, c'est plutôt deux ans que quatre. On ne comprend pas où les journalistes veulent en venir. Waseige va partir, un autre coach va débarquer, c'est la vie. Une équipe nationale ne se limite pas à un entraîneur. Marc Wilmots prend les choses en mains sur place. Il nous dit tout ce qu'il pense des articles anti-Waseige, il nous répète que ça ne doit pas jouer dans nos têtes. Il est plus que le capitaine. Il a été l'homme de la qualification, il a marqué plein de buts importants, c'est notre guide, notre repère. Je suis un des trois plus jeunes du noyau mais je suis assez à l'aise. Je n'ai pas l'impression d'être une mascotte! Il y a une hiérarchie, un respect énorme pour les anciens, on est à l'écoute et on accepte les remarques. Ça va fort changer lors des années suivantes…

Je suis titulaire pour le premier match, contre le Japon. Et j'ai un peu de mal. Je reste dans l'équipe contre la Tunisie. Là non plus, je ne suis pas trop content de moi. Ça nous fait deux nuls et on ne confirme pas ce qu'on a montré pendant la préparation. On me dit que pour un jeune, c'est déjà super d'être titulaire en Coupe du Monde, mais ça ne me suffit pas. Je ne me sens pas très bien. Je dors mal au début, le décalage horaire me pose des problèmes. Je ne supporte pas la chaleur et l'humidité. J'ai des bouffées terribles. J'arrive plus ou moins à gérer aux entraînements, mais en match, je perds entre trois et cinq kilos! Je me laisse aussi trop distraire par les commentaires de la presse. Elle nous démolit parce qu'on était censés faire mieux que deux points sur six contre des adversaires normalement inférieurs. Je parle beaucoup avec Wilmots, il veut savoir comment je vis mon premier tournoi. Je lui dis que je suis surtout frappé par le travail des médias: «Je ne m'attendais pas à ce que ce soit aussi tendu. Je pensais qu'il y aurait un point presse de temps en temps, avec un ou deux joueurs. Au lieu de ça, on doit tous y aller, presque tous les jours. Et c'est la guerre. On doit faire attention à tout ce qu'on dit et on ne sait jamais comment ça sera retranscrit. Je trouve que ça perturbe le groupe.» Les articles négatifs ont commencé dans la presse flamande, ça a vraiment démarré quand Robert Waseige a annoncé qu'il allait partir au Standard. Ça n'a fait qu'empirer sur place, des francophones ont suivi. Les conférences de presse sont hyper négatives, l'ambiance est lourde, on doit souvent nous briefer: «Faites attention à tout ce que vous dites, n'entrez surtout pas dans leur jeu, ne dérapez pas, ils n'attendent que ça, ils sont chauds. Soyez pros, vous êtes ici pour jouer au foot, pas pour faire des gros titres.» Mine de rien, on perd de l'énergie là-dedans. On a beau essayer de rester serein, ce n'est pas simple.

Je communique beaucoup avec ma famille, on discute des heures sur internet, je leur demande comment on voit les choses en Belgique, je veux savoir tout ce qui paraît dans les journaux, ce qu'on dit de moi. Je m'inquiète pour mes parents et ma femme, je suis persuadé qu'ils souffrent parce que je ne fais pas les matches que j'attendais. Le stress me ronge. Je me disperse. Wilmots le comprend et il me conseille de prendre les choses autrement : « Si tu continues à te préoccuper des critiques, tu ne vas pas y arriver. Fais abstraction, concentre-toi sur tes entraînements et sur tes matches. Et ne t'inquiète pas pour la suite. L'équipe était encore en rodage contre le Japon et la Tunisie. Ça va aller mieux, je te le promets. »

Je fais ce qu'il me dit. Je commence à lire beaucoup moins les journaux. Ils circulent toujours dans l'hôtel mais je les laisse où ils sont… Et je téléphone moins en Belgique. Ça marche. Dans le match décisif contre la Russie, je me libère complètement, je rentre vraiment dans mon tournoi, on gagne et on est qualifiés pour les huitièmes de finale. En rentrant à l'hôtel, je me dis que je peux encore faire mieux, mais j'ai déjà fort progressé par rapport aux deux premiers matches. Je suis rassuré. Et puis, soudainement, l'ambiance change. Les journalistes belges passent du noir au blanc. Ils sont mal pris… Ils ne peuvent pas continuer à être négatifs alors qu'on a fait le boulot. On va jouer le Brésil pour une place en quart de finale ! Personne ne comprendrait qu'ils continuent à chercher la petite bête !

On les tient… On a notre revanche. C'est bon… Et là, on n'a pas trop envie de leur dire : « On oublie tout, vous êtes nos potes. » La Fédération nous conseille : « Faites ce que vous voulez mais n'oubliez pas qu'ils vous ont bien tapé sur la tête. Ne vous mettez pas à genoux. Gardez vos distances. » Le message passe bien dans tout le groupe. Des journalistes nous demandent plein de choses : une interview personnelle, une photo originale, une image avec un drapeau ou autre chose. On n'oublie rien, donc on ne leur donne pas ce qu'ils voudraient avoir. On reste pros mais on ne veut pas être vraiment sympathiques. On ne leur fournit que le minimum syndical, des réponses que n'importe qui pourrait leur donner. Ou on se contente de répondre par oui et par non. Ils ne peuvent pas nous reprocher de les boycotter ! Mais ils ont très peu de matière et on comprend vite que pour eux, c'est très chiant…

Coupe du Monde 2002

Je n'ai pas raté une seule minute des trois matches de poule et je suis encore titulaire contre le Brésil. En face de moi, j'ai le trio Rivaldo – Ronaldinho – Ronaldo. Je les kiffe trop ! C'est ce qui se fait de mieux. Et directement, je me sens super bien. Waseige m'a demandé de ne pas lâcher Ronaldo. Il m'a expliqué que si on lui laissait quelques centimètres, il devenait le meilleur attaquant du monde. Il me dit d'être dur sur lui. Et je gère sans trop de problèmes. On joue un match extraordinaire. On a des occasions. Les Diables sont meilleurs que les Brésiliens, on voit qu'ils se posent plein de questions. Si l'arbitre n'annule pas sans raison le but de Marc Wilmots, on passe sans doute. Ils nous battent 2-0 mais ça ne reflète pas du tout le match. Leur deuxième goal, ils le mettent dans les dernières minutes, quand on sort et quand on laisse des espaces pour essayer d'égaliser. C'est énorme, comme frustration. À la limite, on aurait préféré se faire éliminer en étant moins bons. Leur entraîneur, Luiz Felipe Scolari, dira après la victoire en finale que c'est la Belgique qui lui a posé le plus de problèmes : « On aurait pu y passer contre eux… » Ça nous fait une belle jambe ! En rentrant au vestiaire, on a envie de défoncer la porte, de tout casser, de hurler. On sait qu'on vient de jouer contre les futurs champions du monde. Douze ans plus tard, je ne comprends toujours pas comment l'arbitre a pu voir une faute de Wilmots sur la phase du but. Ça reste un mystère de l'histoire de la Coupe du Monde. C'est sûr que pour les audiences et le sponsoring, il vaut mieux avoir le Brésil que la Belgique en quarts de finale, mais je ne veux pas croire à une explication pareille. C'est trop gros.

_ 09

Sous-locataire de Keegan à Manchester

> « On m'a mis de force dans l'avion, mon corps est en Angleterre mais ma tête est restée à Marseille, je déprime, ça ne peut que foirer et ça foire »

Pendant la saison qui suit la Coupe du Monde, j'enchaîne les grands moments avec Marseille, je suis au top, je me sens super bien. On termine à la troisième place et on se qualifie pour la Ligue des Champions, j'ai signé pour ça ! Je suis élu meilleur joueur de l'équipe, je suis aussi son meilleur buteur. Je suis dans l'équipe type de l'année et dans les quatre nominés pour le titre de meilleur joueur du championnat. C'est exceptionnel qu'un défenseur soit cité. Tout le gratin du foot français est au gala, je suis en concurrence avec Pauleta, Jérôme Rothen et Ludovic Giuly ! Je ne gagne pas le trophée, il est pour Pauleta, mais quelle reconnaissance quand même ! Je suis hyper fier. Et je me retrouve pour toujours dans le livre d'or du club : j'ai marqué le millième but de Marseille en Ligue 1.

Je découvre la Ligue des Champions en 2003-2004, je joue contre Porto et le Real Madrid, je mets même un but à Iker Casillas, à Bernabeu, lors du tout premier match... Je ne rate pas une seconde de nos six rencontres de poule.

Tout va bien. Très bien ! Jusqu'en janvier. À ce moment-là, tout bascule. Mon histoire avec l'OM va se terminer soudainement. José Anigo est un vieux serviteur du club. Il change régulièrement de fonction, il y a toujours une place pour lui, ça dure depuis des années : entraîneur principal, adjoint, responsable des jeunes. Il fait aussi un peu de management. À la trêve, il redevient coach principal. C'est mauvais pour moi. On n'a jamais eu de vrai clash mais notre entente n'a jamais été extra non plus. Il me fait parfois une petite remarque négative, ça s'arrête là, je ne me tracasse pas. J'ai tout joué au premier tour, je suis boosté quand je rentre de quelques jours de vacances. Je fais la préparation de janvier, tout est normal, mais quelques jours avant la fermeture du marché des transferts, Anigo m'appelle : « Le président veut te voir, vas-y tout de suite, il t'attend dans son bureau. » Le président, c'est Christophe Bouchet. Je monte, je ne me doute de rien. Il n'y va pas par quatre chemins : « On a une opportunité pour toi en Angleterre. À Manchester City. Content ? » Je tombe des nues, je lui réponds sèchement : « Moi à City ? Non. Pas question. » Il m'explique que l'OM a la possibilité de louer David Sommeil, qui est à City. Et ça les intéresse très fort. Si j'accepte d'être prêté aux Anglais, l'arrangement entre les clubs sera plus facile. Bouchet m'avoue qu'il n'a pas envie que je m'en aille mais Anigo lui a dit qu'il ne comptait plus du tout sur moi. Anigo ne m'a jamais parlé de ça, je suis furieux et je ne me calme pas face au président : « Oubliez. Ma réponse est définitive, je ne partirai pas. J'ai explosé ici la saison dernière, j'ai encore été très bon au premier tour, j'ai des très bonnes critiques, j'ai fait des bonnes choses en Ligue des Champions, les supporters m'adorent et j'ai prolongé mon contrat. Je me sens super bien ici. Ça ne se discute même pas, n'insistez plus. » Je claque la porte et je redescends chez Anigo. Je suis chaud : « Alors comme ça, vous voulez me chasser ? Qu'est-ce que vous me reprochez ? » Il commence à tourner autour du pot, il essaie de m'amadouer : « Mais non Daniel, c'est pas moi… Tu sais bien que je t'adore. Regarde comment tu joues ! Tu es trop bon ! Mais il y a le marché. Le club peut t'échanger avec Sommeil, c'est le président qui insiste. Et c'est vrai que le profil de Sommeil m'intéresse aussi. Il est un peu plus petit que toi, donc un peu plus rapide. »

Je ne veux plus perdre mon temps, je quitte le stade et je rentre à Cassis, je suis démonté. J'appelle Christophe Henrotay, il contacte Bouchet qui lui confirme que le coach ne veut plus me voir. Anigo lui a dit que si je restais, je ne quitterais pas le banc. Christophe prévient le président que si on me chasse, ça va faire du bruit. Parce qu'entre les supporters et moi, la relation est vraiment fantastique, je n'ai jamais connu ça ailleurs. Il dit à Bouchet : « Vous devrez assumer les réactions des 60 000 furieux dans vos tribunes. Et vous savez encore mieux que moi que dans les virages, vous n'avez rien à dire. Vous aurez des comptes à leur rendre si Daniel ne joue pas. Ça va être très chaud.» Dans ces virages, c'est la mafia qui fait la loi, et quand ces gars-là se fâchent, c'est clair que ça déménage. Ils décident ce qu'ils chantent, que ça plaise ou pas, et ils rentrent avec les objets qu'ils ont décidé de prendre, que la direction soit d'accord ou pas. Ils sont chez eux. Bouchet lui avoue qu'il a pensé à tout ça. Mais Anigo a été catégorique et c'est lui qui fait l'équipe. Puis, le président se lâche un peu, il fait quelques confidences à Christophe, il avoue qu'il se passe des trucs bizarres avec les joueurs arrivés via Bernard Tapie, qui a entre-temps quitté l'OM. Ça sent les règlements de compte. Anigo a été entraîneur à l'époque Tapie mais il a été viré après un mois et il ne l'a toujours pas avalé. Il est occupé à se venger et je ne suis pas la seule victime. Vedran Runje, qui est arrivé du Standard en même temps que moi, se retrouve sur le banc. On a rapatrié Fabien Barthez de Manchester United. OK, il a été champion du monde, c'est une légende à Marseille, mais je dis quand même publiquement que c'est injuste de le remettre automatiquement dans le but. Simplement sous prétexte qu'il a un nom, qu'il est français, qu'il est hyper populaire dans la région. J'explique qu'il faut faire jouer la concurrence, que Runje n'a jamais démérité, qu'on ne peut pas favoriser un joueur plutôt qu'un autre, même s'il s'appelle Barthez. Ça ne plaît pas du tout à la direction et à l'entraîneur, et ça aussi, on me le fait sûrement payer.

Après les confidences de Bouchet à Christophe, je comprends très bien que je n'ai plus d'avenir à l'OM. Et que j'ai intérêt à accepter quand même le prêt en Angleterre. Je ne m'obstine plus mais je suis convaincu que je ne suis pas le seul perdant dans l'histoire. Je laisse Bouchet et Anigo s'expliquer avec Robert Louis-Dreyfus, qui reste le premier financier du club et m'apprécie énormément. Il apprend mon départ par la presse et il pique une grosse colère. Il fait un communiqué où il explique sa façon de penser. Il cite «un petit manège inacceptable», il signale que City n'est certainement pas un meilleur club que l'OM et qu'on ne me fait donc pas un cadeau en m'envoyant là-bas, il rappelle qu'il a refusé quelques mois plus tôt des offres de clubs italiens et anglais qui lui auraient permis de récupérer les douze millions dépensés pour mon transfert du Standard. La Juventus et Newcastle me voulaient, j'avais prolongé mon contrat à ce moment-là parce que j'avais trop envie de découvrir la Ligue des Champions avec Marseille. J'avais conclu un deal avec Louis-Dreyfus pour qu'on continue encore un bon moment ensemble. Tout ça tombe à l'eau à cause d'un entraîneur qui règle ses comptes.

Je suis dégoûté, je m'en vais, mais c'est à deux doigts de capoter au tout dernier moment à Manchester. Je suis dans un bureau de la direction, j'ai le stylo en main pour signer. Mais dans ma tête, ça ne va pas du tout. Je suis là contre nature. Je me sens mal. Depuis quelques heures, je n'arrête pas de dire à Céline que je vais aller dans un club où je n'ai pas envie de jouer. Au moment de signer, je regarde Christophe et je lui dis : « Non, on rentre à Marseille. » Le gars du club ne parle pas français. Christophe lui dit qu'on doit rediscuter dix minutes, qu'il doit me réexpliquer un paragraphe du contrat. Le type sort de la pièce. Mon père est avec nous et il se fâche : « Écoute fiston, tu arrêtes tes histoires et tu signes. Tu as cinq mois pour tout faire exploser ici. Tu les fais à fond. Les voisins, c'est United. Tu sais très bien qu'ils te suivent. En fin de saison, tu pars là-bas. Et ça, c'est vraiment le top européen. Avec ton gabarit, tu es fait pour jouer chez eux. En plus, tu vas mieux gagner ta vie ici. Et tu sais très bien que si tu retournes à Marseille, tu ne seras plus jamais sur le terrain. Tu ne peux pas te permettre une demi-saison sans jouer. » Je suis sûr de moi, je lui réponds : « Papa, évidemment que ça m'intéresse d'aller à United. Mais ce n'est pas parce que tu es bon qu'ils te prennent automatiquement. Et tu crois vraiment que je ne rejouerai pas si je rentre à Marseille ? C'est Anigo qui dit ça. Mais s'ils ne gagnent plus, il sera bien obligé de me remettre dans l'équipe. En plus, les supporters risquent de foutre la merde si je reste sur le banc. Papa, je te dis que je n'ai vraiment pas envie de rester ici. » Je sais que les voisins me suivent, ce n'est pas nouveau. Au moment où j'ai prolongé à Marseille, United m'a approché. Alex Ferguson est lui-même venu me voir alors que, souvent, il envoie des scouts quand il s'intéresse à un joueur. Les journaux anglais ont écrit qu'il m'appréciait beaucoup. On a encore parlé de mon transfert possible à United juste avant les négociations entre Marseille et City parce que Rio Ferdinand a pris huit mois de suspension pour avoir brossé un contrôle antidopage, et j'étais cité pour le remplacer en défense centrale. Je sais aussi que le staff de Ferguson pourra me suivre plus facilement si je signe à City parce que les grands clubs envoient des espions aux entraînements pour voir comment les joueurs qui les intéressent se comportent au quotidien. C'est une tendance de plus en plus fréquente. Pendant un match, ils voient le footballeur. À l'entraînement, ils cernent l'homme… Finalement, en sachant tout ça, et vu que mon père continue à me mettre la pression, je m'écrase et je signe. Plus par respect pour lui que par conviction. S'il n'était pas avec moi, je plaquerais tout et je rentrerais à Marseille. Et si je devais refaire ma carrière, je n'accepterais plus ce prêt. Ça a été mon seul mauvais choix.

Dès le premier entraînement, je comprends que je ne suis pas seulement un choix de la direction de City. J'étais une priorité pour le coach, Kevin Keegan. Il m'explique qu'il me connaît depuis longtemps, qu'il est super heureux de m'avoir dans son noyau, que le départ de David Sommeil n'est vraiment pas un problème pour lui. Il est convaincu d'avoir gagné au change. Il sait que je n'ai pas encore trouvé de logement et il me propose un deal : «J'ai une très grande maison, coupée en deux. C'est trop grand pour ma femme et moi. Il y avait de la famille avec nous mais ils viennent de partir. Si tu veux, tu peux occuper une aile, tout vient d'être rafraîchi, c'est nickel.» On visite avec Céline, on tombe sous le charme, c'est un château ! Ça doit faire 600 ou 700 mètres carrés, et une petite moitié est libre. Le portail d'entrée est commun mais on a l'avantage d'être chacun chez soi. Il y a deux portes d'entrée séparées et deux parkings. C'est meublé et donc disponible directement. En plus, le loyer est tout à fait correct. J'en discute avec quelques joueurs de City, on compare avec ce qu'ils paient, et je comprends que je peux faire une bonne affaire. Donc, j'accepte. Et je deviens le sous-locataire de Keegan… Il nous dit qu'on ne doit pas hésiter si on a besoin de lui ou de sa femme, je lui réponds que c'est très gentil mais qu'on va se débrouiller : «On habite presque ensemble mais je ne veux pas que ça influence notre relation. Je suis votre joueur, vous êtes mon coach. Je ne veux aucune faveur. On fait notre vie, vous faites la vôtre, on ne tient pas à vous déranger.» Et ça se passe très bien. On se croise de temps en temps sur le parking, on discute deux minutes, ça ne va pas plus loin. Keegan a bien compris que je ne voulais pas tout mélanger.

Je kiffe immédiatement le foot anglais. Là-bas, on applaudit autant un beau tacle qu'un beau but, les défenseurs y sont fort appréciés, plus qu'en Belgique ou en France. Je m'intègre sans problème dans l'équipe, les supporters font très vite une chanson à mon nom. Sur le terrain, je prends du plaisir. On atomise le Manchester United de Cristiano Ronaldo : 4-1. Keegan vient vers moi dans le vestiaire après le match : « *Welcome to England, this is English football.* » Je joue contre Chelsea, je vais à Liverpool. Je m'attends à découvrir un stade extraordinaire là-bas mais je suis fort déçu. Anfield est vieillot et pas très grand. Les vestiaires sont pourris et minuscules, je me cogne la tête. Par contre, dès qu'on monte sur le terrain, c'est fantastique. L'ambiance est unique, ça sent le foot et la légende à plein nez. Et les supporters de Liverpool chantent pour Keegan, qui a laissé un souvenir incroyable là-bas. C'est super émouvant.

Au niveau du foot, du jeu, tout se passe bien. Je fais des bons matches, on est content de moi. En dehors des terrains, par contre, je ne suis pas du tout heureux. J'ai la confirmation que je n'étais pas prêt mentalement pour jouer en Angleterre. Je garde l'impression et la frustration qu'on m'a mis de force dans l'avion, que Marseille m'a éjecté sans me donner du temps pour réfléchir. Et mon cadre de vie n'a rien à voir avec ce que je viens de quitter. À Cassis, il fait toujours beau et j'avais pour ainsi dire les pieds dans la Méditerranée quand je sortais de chez moi ! Les parties de pêche avec mon père me manquent. Et à Manchester, la météo est toujours catastrophique. Comme si c'était l'hiver toute l'année. Il fait froid, il fait gris. Certains jours, on ne voit pas à cinquante mètres à cause du brouillard et ça ne se lève pas, c'est comme ça du matin au soir. Ils roulent à gauche… En plus, on ne comprend rien à ce que les gens racontent, l'accent du nord de l'Angleterre est terrible. Quand quelqu'un me parle, je réponds bien souvent « *Yes, yes* » sans savoir ce qu'il m'a dit ! Et on ne connaît personne. Donc, avec Céline, on ne quitte pas la maison. Je lui dis plusieurs fois : « Mais qu'est-ce qu'on fout ici ? »

Je déprime, ça ne peut que foirer. Et ça foire. Il n'y a pas de secret, je me blesse. Mon corps est à Manchester mais ma tête est restée à Marseille. Je fais tous les entraînements à fond, comme une machine, mais je ne me soigne plus, je n'écoute plus mes muscles. Parce que je n'ai plus l'amour de mon métier. Je ne viens pas sur le terrain avant la plupart des autres joueurs pour m'échauffer alors que je l'ai toujours fait, je ne m'étire plus, je ne me fais pas masser. Je fais les choses à moitié, ce n'est plus moi. Et logiquement, je me blesse. Je me claque les adducteurs. Je ne suis même pas étonné, je sais que je l'ai cherché, je ne peux en vouloir à personne. À partir de fin mars, je suis out jusqu'à la fin de la saison. Et donc, mon expérience en Premier League se limite à moins de dix matches. C'est un championnat qui m'a toujours attiré mais ce n'était tout simplement pas le bon timing pour y aller.

Pendant mon séjour à Manchester, j'ai aussi des petits tracas avec ma banque ! Christophe Henrotay reçoit toujours mes extraits de compte. Un jour, il m'appelle, un peu inquiet : « Qu'est-ce que tu fabriques ? Depuis que tu es en Angleterre, tu fais chaque mois un retrait de 5000 à 6000 euros à la banque ? Qu'est-ce que tu fais avec ça ? Je te connais, tu n'as jamais rien dépensé. Et là, tout d'un coup, tu flambes ? » Je tombe des nues : « Avec quoi tu viens ? Je ne dépense sûrement pas plus qu'avant, au contraire. Ici, il n'y a rien à faire. On passe tout notre temps à la maison. » On engage alors un détective privé, il découvre l'arnaque. Un employé de la banque se sert chaque mois sur mon compte. Il fait la même chose avec trois autres joueurs de City depuis plus d'un an, ils n'ont rien remarqué ! On dépose plainte. Des policiers viennent chez moi, ils me demandent de faire dix signatures. En dessous de la feuille, il y a une espèce de tablette qui enregistre plusieurs choses : les mouvements du stylo, les points de la signature où il y a le plus de pression,... Ils m'expliquent qu'il est impossible que deux personnes différentes fassent exactement la même signature, déjà parce qu'on ne tient pas le stylo de la même façon. Grâce à leur appareil, je suis innocenté, ils me disent directement que l'employé de la banque a copié mon écriture, c'est maintenant certain pour eux. Le gars est viré, condamné puis emprisonné. Et moi, je récupère mon argent. Mes coéquipiers aussi.

10
Hambourg, découverte de la Bundesliga

> « Je dis que ce match pue et qu'il faut faire une enquête, ça va être un truc énorme en Allemagne, on va en parler autant que de l'affaire Dutroux en Belgique : l'arbitre était acheté par la mafia croate »

En avril 2004, je suis toujours sous contrat à Manchester mais je suis rentré en France pour me soigner. Je passe du temps en rééducation dans un centre réputé à Saint-Raphaël, j'appelle le président de Marseille pour lui expliquer comment ça se passe et pour en savoir plus sur la saison qui suit. Il me dit que José Anigo va rester entraîneur. Pas bon, ça... La plus mauvaise nouvelle que je pouvais imaginer... Pour lui, la situation est assez claire, il ne joue pas un double jeu : je serai plus ou moins le bienvenu si je veux rentrer à l'OM mais je ne serai pas le premier choix d'Anigo. Le coach pense toujours la même chose de moi, je ne fais toujours pas partie de ses plans. Juste après, Bouchet confirme tout ça à Christophe Henrotay. Et il conclut en lui disant que « Daniel est sur le marché des transferts, je suis ouvert à toutes les propositions. » Pour moi, c'est un défi. Je n'ai pas peur de la concurrence, j'ai à la limite envie de les provoquer un peu, je vais rester, me battre et récupérer ma place dans l'équipe. Anigo ou pas Anigo ! Ils ne me connaissent pas encore... J'ai été tout bon avec Marseille pendant deux ans et demi, il n'y a pas de raisons que ça change.

Christophe écoute quand même les clubs qui s'intéressent à moi et il me tient au courant. L'AS Rome, la Juventus et d'autres bonnes équipes se renseignent. Puis, subitement, il me parle de Hambourg.

Il m'explique que c'est le contact le plus concret, qu'ils sont prêts à aller très loin pour que je signe chez eux, que la somme de transfert et le salaire ne seront pas un problème parce qu'ils ont beaucoup de moyens. Je l'entends encore : « Ils sont bouillants. »

Mais pour moi, c'est non. Même pas la peine d'en parler. Je lui demande s'il se fout de moi… Je ne vais pas quitter Marseille pour Hambourg. Je connais la région, je passais mes vacances tout près quand j'étais gosse. Mon père a aussi combattu à Hambourg. Ça ne me tente pas. Si je dois quitter l'OM, je veux bien aller à Milan ou à Rome, mais sûrement pas dans le nord de l'Allemagne. Christophe me propose un marché : « On ne va pas dire oui, on ne va pas dire non… Ils nous invitent à aller voir un match, on n'a rien à perdre. » Même ça, je n'en veux pas. Il insiste : « Fais-moi plaisir. On prend l'avion, on se fait un bon resto là-bas, on regarde le match et on rentre le soir même à Marseille. Après ça, je ne t'ennuie plus. Tu continues ta rééducation, tu vas à la pêche si tu veux aller à la pêche… » Dietmar Beiersdofer, le directeur sportif de Hambourg, le scie depuis plusieurs jours pour que j'aille au moins me rendre compte sur place. Finalement, je cède. Rien que pour faire plaisir à Christophe. Mais rien n'a changé dans ma tête, je n'ai pas du tout l'intention de signer là-bas. Un chauffeur nous attend à l'aéroport, tout est très bien organisé, c'est nickel. À l'allemande. Je me fais aussi la réflexion que le centre de Hambourg est vraiment pas mal, il y a des quartiers très sympas. On mange dans un super restaurant. Puis on va au stade pour un match contre Dortmund. Et là, j'ai un choc. Ce stade a été rénové pour la Coupe du Monde et il est magnifique. Beiersdofer est avec nous quand on entre, il voit mon étonnement et il me dit : « Attends, tu n'as rien vu. L'intérieur est encore plus extraordinaire. » Ils nous font passer par une entrée VIP. Je n'en reviens pas, c'est un décor de rêve. Je lâche à Christophe : « Je ne m'attendais pas à voir un truc pareil. Mais bon, ça ne change rien, hein ! Je ne vais pas signer ici. » Hambourg est battu, je ne suis pas impressionné par leur niveau. Christophe me signale qu'ils ont quand même une très grosse enveloppe pour faire cinq ou six bons transferts. Après le match, on rencontre le président et l'entraîneur, Klaus Toppmöller. On mange avec eux dans la plus belle salle du stade, sans doute. Toppmöller m'explique qu'il me connaît très bien, qu'il me suit depuis pas mal de temps, que je suis le profil qu'il veut : « J'ai vraiment envie que tu viennes. » Ils sont tous emballés comme si j'avais déjà signé.

Ils commencent à parler d'argent, de contrat, de fixe, de primes, de bonus. Ils veulent clairement m'en mettre plein la vue, me faire comprendre que je pourrai très bien gagner ma vie chez eux. Le manager arrive et dit qu'il va assister à une réunion hyper importante avec toutes les personnes qui dirigent le club. Il me demande si je suis d'accord pour y faire une apparition. Je ne comprends pas, je ne suis pas un joueur de Hambourg... Je leur fais remarquer que ce n'est pas vraiment utile. Il insiste, il veut que tout le monde voie à quoi je ressemble, qui je suis. Christophe joue dans leur jeu : « Allez, tu n'as rien à perdre, c'est dans la pièce juste à côté. » OK, je cède encore une fois ! Et là, je tombe sur une bonne vingtaine de types en costume, assis autour d'une grande table ronde. Ils me disent de m'installer et ils se mettent à me bombarder de questions. Ils sont surpris de m'entendre répondre en allemand, je lis dans les regards qu'ils sont impressionnés. Je suis tranquille, relax, zen, bien dans ma tête, sûr de moi. Si j'avais signé, je serais beaucoup moins cool... Là, c'est no stress ! On parle de foot, de l'équipe. Je leur donne mon avis : « Vous avez besoin de deux ou trois bons renforts. »

Petit à petit, les discussions deviennent concrètes. Pendant les jours qui suivent, je réfléchis vraiment à ce transfert. Quand on se revoit, je me suis décidé mais je mets une condition : je signe si leur défenseur tchèque Tomas Ujfalusi reste. Je sens que je peux former un bon duo avec lui. Mais on parle de son départ. Je suis catégorique : « Je viens si vous le conservez, je ne signe pas s'il s'en va. » Ils me promettent une réponse rapide. Le lendemain, ils me disent qu'il reste. Et ils m'annoncent qu'ils vont aussi transférer un copain : Émile Mpenza. C'est parfait, je signe. Au bout du compte, il y a plein de choses qui m'ont impressionné : le stade, l'ambiance, l'approche de la Coupe du Monde en Allemagne avec toute la ferveur que ça provoque déjà, les discours du top du club, la confiance de l'entraîneur, les autres noms qu'ils m'ont cités pour renforcer l'équipe. Et aussi le salaire qu'ils proposent. De tous les clubs intéressés, Hambourg est celui qui m'offre le plus. Subitement, tout me semble positif. Je sais maintenant ce que c'est de ne plus être le bienvenu dans un club, je viens de connaître ça à Marseille. À Hambourg, je sens beaucoup de chaleur. Et en fait, la région me plaît. L'Angleterre a été un choc culturel, j'y ai souffert du climat. Je sais qu'en Allemagne, je n'aurai pas ces problèmes. Je serai bien… Et dans mon esprit, je me rapproche un peu du club qui m'a toujours fait rêver, le Bayern. Je ne le cache pas à la direction de Hambourg, je leur dis que pour moi, c'est le top du top et que je vais m'arracher pour jouer un jour là-bas. Mais je leur promets, les yeux dans les yeux, que je resterai au moins deux ans. On fait un deal : « Je ne m'en irai pas après une saison, même si le Real ou Barcelone vient. Mais jurez-moi que vous ne me mettrez pas de bâtons dans les roues si je reçois une toute grosse offre dans deux ans. » On tombe d'accord.

La préparation se passe bien. Jusqu'au jour où on me convoque dans les bureaux. Le président, le manager et l'entraîneur sont là. Ils m'avouent directement qu'ils ont un problème : « On a la possibilité de vendre Ujfalusi à la Fiorentina pour un très bon prix. Mais on veut rester corrects avec toi : il ne partira que si tu donnes ton accord. » Je ne suis pas con, je ne vais pas gâcher la carrière d'un joueur… Je réponds : « OK, vous pouvez le vendre. À une condition : ce que vous touchez, vous ne le mettez pas à la banque, vous l'investissez dans un très bon défenseur central. » Pour eux, c'est automatique. Ils ont déjà anticipé le départ d'Ujfalusi, ils me citent quelques noms et me demandent qui je préfère. Je peux choisir. Et ils me disent aussi que si je pense à quelqu'un d'autre, on peut en parler. Ils en voient un qui se dégage : Khalid Boulahrouz. Un Hollandais que je ne connais pas. Il joue à Waalwijk, il est pisté par l'Ajax et le PSV, il est sur le point d'être repris en équipe nationale, ils sont convaincus que c'est un futur crack. Ils ont déjà commencé à négocier avec lui et son agent. Ils me signalent aussi que Boulahrouz a envie de jouer avec moi. Pour moi, c'est bon, ils ont l'air tellement sûrs de leur coup. Et je ne le regretterai pas : c'est avec lui que je vais former la meilleure paire défensive de ma carrière.

Pendant la même réunion, le président a autre chose à me demander. Il voudrait que je sois capitaine. Logiquement, ça devrait être Sergej Barbarez. Il l'a déjà été en dépannage, il est international avec la Bosnie, il est à Hambourg depuis quatre ans. Mais la direction a envie de changement, d'une nouvelle hiérarchie dans le groupe pour provoquer un électrochoc, casser les habitudes. Il pense que je peux faire l'affaire parce que je viens d'un autre championnat, que j'ai sans doute une autre philosophie, une autre mentalité. Et je parle la langue. Il me dit d'y réfléchir, je lui réponds que je suis flatté mais que je n'accepterai pas si je n'ai pas l'accord de tous les joueurs. Je ne veux pas être un capitaine rejeté. Si le brassard pèse trop lourd, mon adaptation risque d'être compliquée. Alors, on va ensemble dans le vestiaire. Le président prend la parole, il donne son point de vue, puis il propose un vote. Tout le monde est d'accord, même Barbarez. Après le vote, je le prends à part, je lui dis que je ne veux pas de merde… Que j'aurai besoin de lui. Il m'avoue qu'il est fort déçu mais qu'il est obligé d'accepter les décisions de la direction. Et il conclut en me disant : « Rassure-toi, ce n'est pas pour ça que je ne vais pas t'aimer ! »

La première saison n'est pas exceptionnelle. Elle commence même très mal. On se fait éliminer en Coupe d'Allemagne dès le mois d'août. Le match le plus bizarre de ma carrière… On joue contre Paderborn, un club amateur, on ne peut pas avoir de problème. Mais l'arbitre fait n'importe quoi. Il leur donne deux penalties alors que les deux fois, c'est leur attaquant qui a fait la faute. Émile Mpenza se fait découper dans le rectangle, il ne siffle pas, il nous crie : « Jouez ! » Il exclut sans raison un de nos joueurs. Et il ne siffle pas des hors-jeu de deux mètres. Je me demande où je suis tombé et j'ai l'impression que même les joueurs de Paderborn ne comprennent rien. On perd 4-2. Dès que c'est fini, je vais trouver le président, je lui dis que ce match pue et qu'il faut faire une enquête. Ça va être un truc énorme en Allemagne, on va en parler autant que de l'affaire Dutroux en Belgique ! L'arbitre, Robert Hoyzer, était acheté par la mafia croate qui misait des fortunes sur des matches truqués. On va découvrir qu'il a truqué plus d'une vingtaine de matches, il sera suspendu à vie et il fera de la prison. Pour chaque résultat trafiqué, il touchait quelques milliers d'euros et les Croates prenaient des millions.

En championnat, ça ne se passe pas bien non plus. On termine à la huitième place. Heureusement, on rattrape le coup en gagnant la Coupe Intertoto. C'est mon tout premier trophée ! Enfin ! Et ça nous qualifie pour la Coupe de l'UEFA. Moi, j'ai très bien géré mon apprentissage. Je suis le seul joueur de champ de la Bundesliga à ne pas avoir raté une seule minute. Et je suis élu meilleur joueur de Hambourg. J'ai découvert un championnat bien plus exigeant que la Ligue 1. Malgré ça, pas une blessure, pas une suspension… J'ai aussi prouvé que j'avais parfaitement récupéré après ma blessure de Manchester. J'ai une longue discussion avec les dirigeants pendant l'été. Je leur explique que je me sens très bien, que tout est nickel mais que j'ai un petit souci : je n'ai toujours pas gagné un titre. Et les années défilent. J'ai 27 ans. Ils comprennent que je continue à viser plus haut, que je ne considère pas Hambourg comme un aboutissement. Le Bayern m'approche, ils sont au courant, ils paniquent un peu. Ils me disent : « Souviens-toi de ce que tu nous as promis en arrivant. On a bien un accord pour que tu ne partes pas après un an. »

C'est chaud, je crève d'envie d'y aller mais j'ai donné ma parole. C'est comme ça, je dois m'en faire une raison. J'espère simplement que le Bayern va continuer à s'intéresser à moi. Mais il y a le risque que le train ne repasse pas, qu'ils trouvent directement un défenseur central qui leur convient et qui s'installe pour des années. Ils prennent le Français Valérien Ismaël. Je me dis que s'il éclate avec le Bayern, c'est peut-être définitivement foutu pour moi.

L'année suivante est meilleure pour Hambourg. On fait un gros parcours. À cinq matches de la fin, on est encore en lutte avec le Bayern pour le titre. Mais on craque parce qu'on n'a que douze ou treize gars capables d'être titulaires alors qu'il y en a une vingtaine à Munich. On finit quand même à la troisième place, Hambourg va jouer les tours préliminaires pour aller en Ligue des Champions. On a la meilleure défense de Bundesliga, je suis dans l'équipe type de la saison, j'ai été plusieurs fois dans l'équipe européenne du mois. Et tout va bien… le Bayern revient à la charge. Pas une charge timide… Ils veulent que ça aille très vite, ils m'invitent à discuter. Hambourg essaie tout pour me retenir : « On va adapter ton contrat, tu seras notre joueur le mieux payé, tu vas toucher plein de bonus. » C'est inutile, je leur redis que je rêve du Bayern, d'une victoire en finale de la Ligue des Champions, que j'ai besoin d'un tout grand club pour y arriver peut-être un jour : « Si je reste ici, je n'aurai jamais de palmarès. » Ils ne me contredisent pas, ils sont lucides, ils laissent assez vite tomber, ils comprennent que ça ne sert plus à rien de discuter. Ils m'ont acheté pour cinq millions, ils en encaissent une dizaine en me vendant. Et ils prennent Vincent Kompany pour me remplacer.

_ 11
Bayern, le rêve d'une vie

> « On me propose le numéro 5, il n'a plus été attribué depuis la fin de carrière de Beckenbauer »

Dès que le Bayern m'a contacté, j'ai repensé à un tout gros match que j'avais joué contre eux au début de ma deuxième saison à Hambourg. Un match chez nous. On le gagne 2-0 et je suis au top. Il y a notamment une phase très chaude. Un ballon aérien, juste devant leur banc. Michael Ballack s'élève pour le prendre de la tête, je vais au duel. J'y vais franchement… Je monte au moins cinquante centimètres plus haut que lui. Je fais près de deux mètres, mais lui aussi, c'est une belle bête ! Je l'éclate, d'un bon coup d'épaule, il est éjecté et il s'écrase à terre. Il ne bouge plus, il est un peu sonné, l'arbitre ne siffle rien, je pars avec le ballon, je fais une bonne relance, je me replace, je commande directement ma défense, je crie. C'est aussi mon rôle, je suis capitaine. À ce moment-là, je jette un œil vers le banc du Bayern. C'est Felix Magath qui entraîne, Uli Hoeness est assis près de lui. J'ai l'impression de lire de l'admiration dans leur regard. Je sens qu'ils m'observent et ils se regardent avec un air qui veut tout dire. Tout le staff. Sur le coup, je me dis que je viens peut-être de faire une bonne affaire, de marquer des points. Mais je ne fais même pas de show, ce n'était pas calculé, c'est mon jeu. Que ce soit contre le Bayern, contre une petite équipe du bas de classement ou dans un match amical de préparation, je m'engage toujours de la même façon. Ballack ou pas Ballack ! Mais bon, Ballack, ce n'est pas n'importe qui, c'est le capitaine du Bayern, un symbole, une personnalité très forte, une icône pour tous les Allemands. Je suis content de mon effet…

Le jour où je vais à Munich pour signer, je suis accueilli par Uli Hoeness, Karl-Heinz Rummenigge et le responsable des contrats. Il y a aussi le patron de la cellule recrutement. Il m'explique qu'ils savent tout sur moi, et depuis très longtemps. «On sait très bien ce que tu as fait au Standard, à Charleroi et même dans le petit club où tu jouais avant d'avoir ton premier contrat professionnel… C'était comment, déjà? Je ne me souviens plus du nom.» Le Bayern m'avait déjà espionné quand j'étais à Somzée! Ils ont des scouts partout en Europe. Évidemment, ce ne sont pas des employés à temps plein du club, mais des relais. Ils m'ont visionné à Somzée puis en équipe Réserve de Charleroi. On part tous dans un des meilleurs restaurants de Munich, on discute de tout et de rien. Rummenigge me prend à part et me dit ce qu'il attend de moi: «Tu étais le patron de l'équipe à Hambourg, on voudrait que tu deviennes un pilier du Bayern. Si tu fais ici ce que tu faisais là-bas, tu resteras chez nous le temps que tu voudras. J'ai parlé avec des gens de Hambourg, ils en ont plein la bouche.»

Cette réunion a lieu en pleine Coupe du Monde. Toute la presse est dans les stades et aux centres d'entraînement des équipes nationales, la Bundesliga ne fait pas du tout l'actualité. Il fait très calme au Bayern. Beaucoup de journalistes allemands sont dans la région de Berlin, où la *Mannschaft* est installée. Hoeness et Rummenigge prévoient que mon transfert ne va pas faire les gros titres. En plus, je ne suis pas allemand et je viens d'un pays qui n'est pas qualifié. Je leur réponds que ce n'est vraiment pas un problème, que je n'arrive pas pour faire un coup de pub: «Je veux me poser ici pour longtemps et gagner des titres. La gloriole, ça n'a jamais été mon truc.» Mais je sens qu'ils sont quand même un peu ennuyés. Le fait qu'on ne va pas beaucoup parler de mon arrivée, ça ne leur plaît pas. À la limite, ils s'excusent. Et ils me proposent de faire la conférence de presse de ma présentation à Herzogenaurach, au siège d'Adidas. C'est à 200 kilomètres de Munich et il y a du monde là-bas parce que l'Argentine de Lionel Messi s'y entraîne. Je leur explique que je suis prêt à y aller s'ils trouvent ça important, mais pour moi, ce n'est pas nécessaire. Et donc, on n'y va pas. Ils me promettent qu'on fera tout dans les règles à la reprise des entraînements, qu'on fera les photos traditionnelles avec le maillot quand tous les journalistes seront rentrés.

À la conférence de presse officielle, Magath détaille ce qu'il attend de moi : « Daniel Van Buyten doit devenir notre nouvel agent double. Il devra assurer la stabilité de notre défense et être présent devant. On compte sur lui pour combler le vide laissé par le départ de Ballack. » Depuis des années, Ballack marque régulièrement des buts sur phases arrêtées, souvent sur des reprises de la tête. Ils veulent que je fasse la même chose. Hoeness signale publiquement que je n'aurai pas le droit d'être un transfert raté : « On peut se tromper quand on met un million pour un nouveau joueur, mais pas quand on en dépense dix fois plus. » Je sens une grosse pression mais je ne suis pas intimidé. Je n'ai pas besoin de Hoeness pour savoir que je n'ai pas le droit de passer à travers… J'arrive dans un des cinq meilleurs clubs du monde, je coûte assez cher et j'ai un salaire proportionnel à la somme de mon transfert, c'est normal qu'on compte sur moi.

Très vite, je me rends compte que le club a déjà tourné la page Ballack. C'est un joueur exceptionnel mais aussi un caractère spécial. Il est parti à Chelsea et on ne parle déjà presque plus de lui. J'ai même l'impression que beaucoup de gens sont contents qu'il soit parti. Pendant ses derniers mois au Bayern, il n'a pas été facile à vivre, il a énervé pas mal de monde. Il a fait du chantage, il voulait toujours gagner plus, il faisait monter les enchères. Il la jouait à la Ronaldinho alors que ce n'est quand même pas le même profil ! La direction en avait marre de son petit jeu. Pendant sa dernière saison, ce n'était plus le vrai Ballack, concentré à fond sur son équipe. Maintenant, le boss n'est plus là mais les dirigeants signalent qu'il leur reste plusieurs joueurs qui ont aussi une expérience énorme : Olivier Kahn qui devient le nouveau capitaine, Mehmet Scholl, Hasan Salihamidzic, Claudio Pizarro, Willy Sagnol.

On me propose de prendre le numéro 5. Pour moi, c'est parfait, c'est celui que j'avais à Hambourg. Ils me demandent si je sais qui l'a porté dans l'histoire du Bayern. Évidemment. Franz Beckenbauer. Je sais qu'il a été champion du monde comme joueur et comme entraîneur, qu'on le considère comme le meilleur footballeur allemand de tous les temps, qu'il a fait une carrière phénoménale avec le Bayern, que c'est un dieu vivant à Munich, qu'il a gagné des Ballons d'Or. On parle un peu de Beckenbauer. Ils me rappellent que c'était le patron de l'équipe. Ils veulent que je commande, un peu comme lui. Ils me font comprendre que je vais avoir les clés de la défense. Je vais devoir donner des ordres à Lucio qui a été champion du monde avec le Brésil en 2002, à Philipp Lahm qui a été un héros de la Coupe du Monde 2006, à Willy Sagnol qui a joué la finale… Des journalistes me font remarquer qu'on me fait un honneur immense parce que le numéro 5 n'a plus été attribué depuis que Beckenbauer a arrêté sa carrière. Quelques joueurs l'ont demandé, ça a toujours été refusé. On leur a proposé le 15 ou le 25, mais il était hors de question pour la direction de ressortir le 5. Et pendant une de mes premières interviews, on me dit aussi que j'ai mis les pieds dans un club qui est unique et difficile parce qu'il s'y passe toujours quelque chose. On m'explique que c'est régulièrement chahuté au Bayern, que je suis maintenant au FC Hollywood. Ça me fait rire et je réponds au type qu'il n'est sûrement jamais allé à Marseille : « Là-bas, c'est vraiment Hollywood. J'y ai connu plein de changements d'entraîneur, j'ai parfois vu débarquer vingt nouveaux joueurs en un an, il y avait continuellement des scandales et ça chauffait très fort en dehors du stade. Je sais que ça ne sera pas pire ici. Quand on est passé par l'OM, on est blindé, vacciné, prêt à tout. »

Évidemment, il n'y a pas de traitement de faveur pour moi. J'apprends vite qu'il faut toujours être sur ses gardes. Il y a deux journaux qui doivent écrire tous les jours au moins deux pages sur le Bayern : Bild et TZ. Ce qu'ils ne savent pas, ils l'inventent. Ils déforment. S'il n'y a pas de problèmes, éventuellement, ils en fabriquent. Ils sortent des phrases de leur contexte, ils font des titres chocs, ils posent des questions vicieuses, ils essayent parfois de monter un joueur contre un autre. Leur but est de lancer des bombes dont tout le monde va parler. Ça fait vendre, c'est de la pub pour eux. Le service presse fait directement un briefing aux nouveaux joueurs pour qu'on ne tombe pas dans le panneau. J'ai été prévenu mais je me fais quand même avoir, dès la première semaine. Le centre d'entraînement est en travaux et on doit se garer à l'extérieur. Donc, il faut traverser la foule pour retourner à nos voitures. Et il y a beaucoup de monde ce jour-là, on est en juillet. Je me dépêche, et pendant que je trottine vers ma voiture, un journaliste m'interpelle. Il me demande comment ça se passe, si c'est fort différent de Hambourg. Je m'arrête à peine, je lui réponds tout en marchant que je suis super heureux de me retrouver dans un club comme le Bayern, que j'en rêvais quand j'étais gosse. Des banalités. Il me dit : « Et les entraînements, ce n'est pas trop dur ? » Je le rassure… « Pas de problème. Il faut seulement s'adapter, se remettre dans le rythme. Je rentre de vacances, et quand on est en congé, on peut se lever plus tard. On doit venir ici assez tôt mais je prends plein de plaisir. » C'est vraiment… une bête interview. On n'a abordé aucun sujet sensible. Mais le lendemain, je fais la une du Bild, avec un titre choc du style « Un millionnaire du Bayern se plaint parce qu'il doit se lever à huit heures ». Ils ont appelé un boulanger pour un témoignage, il dit qu'il doit sortir du lit aux petites heures et que c'est scandaleux de ma part de dire ça. Tout le monde en parle, le Bild a eu ce qu'il voulait. Le service presse du Bayern convoque le journaliste, il jure sur la tête de ses enfants qu'il n'a pas écrit tout ça, qu'il a simplement retranscrit mes propos. Son texte a été modifié à la centrale du journal… à Hambourg. Justement à Hambourg. Là-bas, il y a peut-être des gens qui me reprochent d'avoir signé au Bayern. J'ai l'impression qu'on veut me descendre. Le journaliste est vraiment ennuyé, il rampe devant nous, il propose de refaire une interview, tout à fait positive. On lui répond que ça ne nous intéresse pas, que ça ne sert à rien. Le mal est fait, c'est irréparable. Il y a peut-être 500 000 Allemands qui se sont fait une mauvaise opinion de moi à cause de son article, qui me reprochent de me prendre pour un autre, de snober les ouvriers ! Et si je fais un démenti, qui va le lire ? On va se demander ce que c'est pour un cirque. Donc, on laisse tomber. Bastian Schweinsteiger m'en parle spontanément : « C'était ton baptême. Ici, tout le monde s'est déjà fait piéger. C'est aussi ça, le Bayern. Tu es dans le meilleur club, on ne va jamais te lâcher. »

Dès les premiers entraînements, je sens que la Coupe du Monde risque de nous coûter cher. Près de dix joueurs y sont allés et c'est clair qu'après une dizaine de jours de congé seulement, ils sont encore épuisés. Et on enchaîne par un voyage au Japon. Un accord publicitaire. Un joueur sur deux termine la préparation sans être prêt ! C'est fréquent qu'un club qui a beaucoup d'internationaux ne soit pas au top pendant la saison qui suit une Coupe du Monde ou un EURO. Et ce n'est pas étonnant. Je le comprends mieux, directement. En Coupe d'Allemagne, on se fait ridiculiser en étant éliminés par Aix-la-Chapelle. En Ligue des Champions, on fait quelques gros matches. On élimine le Real en huitièmes de finale, puis l'AC Milan nous met dehors en quarts. Mais surtout, on ne termine qu'à la quatrième place du championnat. Et ça, c'est une honte au Bayern. Ça veut dire qu'on ne jouera pas la Ligue des Champions. Tout le monde voit ça comme une catastrophe, c'est vécu comme un gros traumatisme. Et il y a la frustration d'avoir fait monter le coefficient UEFA de l'Allemagne pendant des années pour voir maintenant que d'autres clubs en profitent. Si la Bundesliga envoie plusieurs équipes chaque saison en Ligue des Champions, c'est d'abord grâce au Bayern ! Je sens que tout le club est sous tension. La direction se fâche : « Si vous ne voulez pas revivre une saison de merde, ça ne tient qu'à vous. Vous avez les cartes en mains. » On nous oblige à gagner la Coupe de l'UEFA. Mais on n'y arrivera pas. Moi, en tout cas, je n'ai pas à me plaindre de mon bilan. Je suis le deuxième joueur du Bayern à avoir eu le plus de minutes de jeu, seul Kahn a fait mieux que moi. En comptant les amicaux et l'équipe nationale, j'ai fait près de 60 matches. Et j'ai marqué deux buts sur la pelouse de Milan.

_ 12
Visite guidée du monstre munichois

> « J'ai joué à Dortmund, à Manchester, à Arsenal, à Liverpool, à Chelsea, à Milan, à Madrid, à Barcelone, au Parc des Princes, au Stade de France : aucun de ces stades ne vaut celui du Bayern »

Ça me fait rigoler quand on me dit « C'est comment le Bayern ? » ou « Qu'est-ce que ce club a de si spécial ? » Il intrigue beaucoup de monde et on m'a plusieurs fois posé la question. Les gens voudraient que je fasse la description en quelques minutes… Pour l'expliquer en détail, il faudrait faire un autre livre… Le Bayern, c'est un univers. Une industrie. Une machine. Un monstre au point de vue organisation. Une success story commerciale incroyable. Un cas unique au monde. Les dirigeants disent que quand ils vont à la banque, ce n'est pas pour emprunter mais pour déposer ! C'est tellement rare dans le foot. Presque tous les grands clubs sont endettés, ils perdent de l'argent chaque année. Tout est gigantesque au Bayern. Je ne sais pas s'il existe un autre club aussi professionnel. J'y ai passé huit ans et j'ai souvent ouvert de grands yeux. Je pourrais raconter des dizaines d'anecdotes. Les joueurs y sont des rois. Tout est fait pour qu'on ne pense qu'au foot. Les patrons partent du principe qu'on doit avoir l'esprit complètement dégagé pour être bon sur le terrain. Le message, c'est : « On fait tout pour toi, on te met dans l'ouate, maintenant défonce-toi, tu n'as pas d'excuse. »

Tu veux partir en vacances ? Tu donnes ta destination et tes dates à une employée du club, elle s'occupe de tout. Elle fait les recherches puis tu choisis ce qui te convient le mieux. Tu dois payer ton séjour mais tu ne perds pas ton temps à feuilleter des catalogues, à aller sur des sites d'agences de voyages, à vérifier les disponibilités, à penser à l'assurance annulation, à chercher des vols. Le jour du départ, une navette va te chercher à la maison et te conduit à l'aéroport si tu as choisi des vacances en avion. Et sur place, si tu as un souci, il y a un seul mot de passe : « Bayern »… Tu n'appelles pas l'agence de voyage, tu téléphones au club et ils règlent tout. Ça m'est arrivé. Ils m'avaient réservé des vacances en Grèce, on devait avoir une chambre avec vue sur mer. En fait, on aperçoit un tout petit bout de mer entre deux murs, et elle est loin. J'appelle la responsable des voyages au club. Elle me dit de lui envoyer une photo. Elle contacte la réception de l'hôtel et le message est clair : « On vous a envoyé un joueur du Bayern, débrouillez-vous pour que tout se passe super bien. C'est une bonne pub pour vous. » Juste après, on me convoque en bas. Le patron est tout ennuyé : « Monsieur Van Buyten, on a eu un bug informatique, c'est à cause de ça que vous vous êtes retrouvé dans une mauvaise chambre. On va vous aider à refaire vos valises, on vous emmène ailleurs. Toutes nos excuses. » Deux heures plus tard, on est dans un palace, ma fenêtre est à cinq mètres de la mer. Si je veux, je peux pêcher depuis ma chambre !

Pour n'importe quel problème dans la vie privée, on peut s'adresser au club. Pour un tuyau qui fuit, pour un souci avec la connexion internet, pour l'assurance incendie. Ils envoient quelqu'un dans les minutes qui suivent. Le joueur qui doit aller chez le médecin pour son enfant mais qui ne se débrouille pas assez bien en allemand contacte aussi le Bayern, on lui trouve un docteur qui parle une autre langue, ou un interprète accompagne. S'il y a une tempête de neige juste avant un entraînement, si le système de chauffage ne sait pas suivre, on voit débouler vingt ou vingt-cinq personnes avec des grosses machines qui ressemblent à des traîneaux. Le terrain est déblayé en quelques minutes. Et tous ces gens-là sont directement concernés par les résultats de l'équipe Première. Sur chaque trophée gagné, tous les employés touchent une petite prime supplémentaire : le personnel administratif, les attachés de presse, les responsables de l'informatique, les gens de la chaîne télé du club, les stewards, les jardiniers, les tenanciers de la cafétéria du centre d'entraînement,… Il n'y a sans doute qu'au Bayern qu'on fait ça. Et donc, forcément, ils sont tous très motivés. Inconsciemment, ils en font un peu plus pour mettre les joueurs dans les meilleures conditions. C'est aussi leur propre salaire qui est en jeu !

Chaque année, on choisit une nouvelle voiture du club. On passe quelques heures dans un bureau où il y a tous les catalogues Audi. Mais tout le monde ne peut pas prendre n'importe quoi. Les jeunes sont limités, en prix et en cylindrée. Par exemple, Thomas Müller n'a pas pu commander une RS ou un Q7 quand il a signé son premier contrat professionnel. Après avoir joué la Coupe du Monde 2010, ça a changé, il a pu prendre un modèle plus puissant et plus cher parce que son statut avait déjà évolué. Mais pas encore une RS6 parce qu'il était encore jeune, on estimait que c'était trop nerveux et trop dangereux pour lui. Le Bayern ne met pas 300 chevaux dans les mains d'un gamin ! Moi, je n'ai pas eu de problème, j'ai pu choisir dès le début le modèle que je voulais. Quand je suis arrivé, j'avais mon permis de conduire depuis dix ans et j'avais fait mes preuves sur les terrains. Si on n'est pas limité, c'est vraiment très gai de choisir sa nouvelle voiture : on coche toutes les options qu'on veut... Après ça, on met son nom en bas du formulaire, on signe, on le donne au vendeur, et très vite, la voiture est livrée au club. On a une seule obligation : on doit utiliser l'Audi du Bayern pour aller au centre d'entraînement et quand on participe à des activités officielles, par exemple une conférence de presse ou une soirée de supporters. C'est écrit noir sur blanc dans le contrat. Et pas question d'arriver à l'entraînement avec une voiture sale ! C'est une question d'image, tout doit être parfaitement propre au Bayern ! Il y a en permanence un employé dans le garage. S'il faut aller au car-wash ou aspirer l'intérieur, il est là pour ça. On lui donne une pièce, il s'en charge, et quand on reprend son Audi après l'entraînement, elle est nickel. C'est le même type qui se tient à notre disposition si on doit aller chercher de la famille à l'aéroport, par exemple. Ou s'il faut y conduire un dirigeant. Il a trois ou quatre Audi du club chez lui, il choisit le modèle qui convient le mieux pour chaque mission : un coupé, un break, une Q7...

Le shooting photos pour le catalogue du club est une autre tradition annuelle. Il fait plus de 300 pages et on y trouve absolument tout : maillots, trainings, ballons, vêtements de ville, écharpes, bonnets, gants, pyjamas, peignoirs, sous-vêtements, sacs, montres, bavoirs, couettes, essuies, maillots de bain, sandales, briquets, service à café, grille-pain, posters, vins, vélos pour enfants, jeux de cartes, matériel scolaire, Monopoly version Bayern,…Tout ce qu'on peut imaginer, du plus utile au plus gadget. Chaque saison, il y a un peu plus d'articles. Et on nous demande de faire des séances de photos. On va dans un grand studio, chaque joueur a son coin avec un panier où on a préparé des vêtements à sa taille, et le photographe mitraille. Le Bayern a sept boutiques à Munich : au complexe d'entraînement, dans une grande rue commerçante du centre, à l'aéroport, au stade,… Il faut voir les supporters qui font la file aux caisses. C'est comme s'ils ne se fixaient pas de limites. Ils rhabillent toute la famille et achètent parfois n'importe quoi !

Fin septembre, début octobre, c'est l'Oktoberfest. La fête de la bière. Extraordinaire ! Munich est en transe. Quand je suis à Hambourg, j'ai des coéquipiers qui y vont chaque année. On a un jour de congé, ils prennent l'avion pour aller s'amuser. J'ai du mal à les comprendre, je les charrie, je trouve ça tellement kitsch. Ils essaient de m'emmener, ils me disent que ce serait bien si je pouvais représenter le club là-bas. Je leur réponds que, capitaine ou pas, je n'irai pas faire le clown à Munich : « Je n'ai pas envie de me déguiser en fermier, j'ai autre chose à faire… » Je ne découvre l'Oktoberfest que quand je suis au Bayern, les joueurs sont obligés d'y aller, c'est aussi dans notre contrat, et là, je tombe sous le charme. On met le pantalon campagnard, la chemise, la veste, le chapeau, et on monte dans le car avec la famille. La police nous escorte jusqu'au centre. Aucun véhicule ne peut circuler mais ce serait de l'inconscience de laisser les joueurs du Bayern traverser la foule. On estime qu'il y a près de 800 000 personnes par jour en semaine, plus d'un million le week-end. Chaque année, au moment où le Bayern est annoncé, il y a des alertes à la bombe. La sécurité est renforcée, tout est fouillé la nuit qui précède, il y a des chiens pisteurs partout. Dès que je découvre cette fête, je craque. Quand tu es dans l'ambiance, c'est magnifique. Il m'arrive d'y aller en privé, avec ma femme et mes enfants. Et pas en jeans : je remets mon pantalon trois quarts et mon chapeau de paysan… On chante, on danse, on monte sur les tables, les Munichois et des gens venus de loin sont déchaînés.

On ne devient pas employé du Bayern sur un claquement de doigts ! Il faut être bon, quel que soit le boulot pour lequel on est engagé. Les dirigeants disent que quand ils remplacent une personne par une autre, celle qui arrive doit être aussi compétente que celle qui est partie, et même plus performante si c'est possible. Ils veulent le top, dans tous les domaines. Il y a toujours la même question lors de l'entretien d'embauche : « Qu'est-ce que tu peux nous apporter pour que le club devienne encore meilleur ? » Qu'ils engagent un médecin, un kiné, un jardinier ou un attaché de presse, la sélection est extrêmement sévère. Leur philosophie, c'est : « Si tu fais du sur-place, un jour viendra où tu seras dernier. » Ils ne sont jamais satisfaits, ils visent toujours plus haut. En 2012-2013, la fameuse saison où le Bayern gagne tout, on bat des records. On marque nonante-huit buts, on n'en encaisse que dix-huit. Une différence de buts pareille est presque unique dans l'histoire du foot, en tout cas dans les grands championnats. Mais au moment de commencer la saison suivante, on ne vise pas simplement le même parcours, on veut faire encore mieux. L'objectif est de passer la barre des cent buts marqués et d'en prendre moins de dix. La progression est une vraie obsession. On entame aussi cette saison en voulant encore gagner tous les trophées possibles et en cherchant à fêter le titre le plus vite possible, en établissant un nouveau record de précocité. Jupp Heynckes est parti, il nous a permis de tout gagner, et la direction estime qu'avec Pep Guardiola, on pourra être encore plus performants parce qu'il est encore plus calé que Heynckes.

J'ai fait des entraînements devant 7000 supporters ! Il y en a beaucoup qui ne voient rien parce que le complexe n'est pas aménagé pour accueillir autant de monde, mais ils sont dans l'ambiance, ça leur suffit. Plusieurs fois par saison, le club fait payer l'entrée, ça ne coûte qu'un euro et cet argent est versé à une œuvre. Et au stade, c'est simple, je n'ai pour ainsi dire jamais vu de sièges vides. À chaque match, on sait qu'on va jouer devant 70 000 personnes. Si Somzée allait y jouer un amical, ce serait quand même presque plein ! Et il n'y a jamais d'agressivité, c'est frappant par rapport à ce que j'ai connu ailleurs. On sent certaines rivalités : contre Munich 1860, Nuremberg, Schalke, Dortmund. Mais ça reste sympathique. Il ne faut pas prévoir de flics pour séparer les gens. Ça n'a rien à voir avec un Barça – Real. À Munich, on peut mélanger tout le monde, sans risque. Un jour, j'invite ma famille à un match contre Dortmund, il y en a un dans la bande qui est supporter du Borussia. Quand ils marquent, il se lève, il crie, il fait tourner son écharpe. Autour de lui, ce sont tous des supporters du Bayern. Mais il n'a aucun problème. Si tu mets un gars du Paris Saint-Germain dans le kop de Marseille, il se fait défoncer en trois minutes…

Au moment où je suis encore à Hambourg, je vois déjà des maquettes de l'Allianz Arena, en construction en vue de la Coupe du Monde 2006. Je suis sur le cul… Ça me donne encore plus envie d'aller un jour dans ce club. Pendant ma première année en Bundesliga, quand je joue contre le Bayern chez lui, c'est encore dans le vieux stade olympique. Il a une âme, une histoire, mais il est froid et démodé. La piste d'athlétisme casse l'ambiance, il n'y a rien d'exceptionnel. La saison suivante, juste avant le Mondial, on joue à l'Allianz, peu de temps après son inauguration. Je suis complètement bouleversé tellement c'est grand et beau. Je repense encore aux deux fois où j'ai été en contact avec la direction, sans que le transfert se fasse. Je me dis que s'ils n'essaient plus de m'avoir, j'aurai raté un truc énorme. L'Allianz est très moderne mais il n'y a pas de tape-à-l'œil. C'est le style Bayern : sobre, bien pensé, pratique. J'ai joué dans tous les stades de légende en Europe : à Dortmund, à Manchester, à Arsenal, à Liverpool, à Chelsea, à Milan, à Madrid, à Barcelone, au Parc des Princes, au Stade de France. Pas un seul n'égale celui du Bayern. Les gens seraient même fort surpris s'ils visitaient la plupart de ces stades. Ce n'est pas parce qu'on est en Ligue des Champions qu'on n'a que des palaces. Le Nou Camp a été rénové entre-temps, mais la première fois que j'y suis allé, ce n'était vraiment pas terrible. Le vestiaire était tout petit, on était les uns sur les autres, on devait se changer sur un banc qui ne ressemblait à rien. Ce n'était pas beaucoup mieux en Angleterre et en Italie. Alors qu'en Allemagne, depuis la Coupe du Monde, c'est spacieux et luxueux partout.

Le Bayern fait aussi le plein partout où il passe. Le jour où on va jouer à Naples, ils disent que ça ne leur est plus arrivé d'avoir autant de monde depuis la grande époque avec Diego Maradona. Un type du club nous explique : « C'est parfois plein, mais avec vous, c'est bourré… » Et à chaque déplacement, le Bayern est reçu comme l'équipe à abattre. On ressent de l'admiration mais aussi de l'agressivité. Pour chaque adversaire, c'est le match de l'année. Il y en a qui jouent un petit jeu en espérant que ça leur donnera une chance. On discute à l'échauffement ou dans le couloir des vestiaires, ils nous flattent, ils nous mettent sur un piédestal, ils nous disent qu'ils ne se font pas d'illusions parce qu'on est de toute façon beaucoup trop forts pour eux. Je vois ça régulièrement. En fait, ils essaient de t'endormir pour te niquer ! Dans ce cas-là, notre entraîneur adapte son speech d'avant-match : «Ne croyez rien de ce qu'ils vous disent, ils sont subtils. Ils ne vont pas vous faire de cadeaux. Ils vous admirent peut-être mais ils vous détestent sûrement.»

13
AVC, soins intensifs, paralysie, fin du monde

> « C'est le pire dilemme de ma vie, on a presque droit de vie ou de mort sur mon père »

En mars 2009, je suis avec les Diables Rouges, on prépare un match contre la Bosnie-Herzégovine. À l'hôtel, je loge dans la même chambre que mon pote Kevin Mirallas. Je me brosse les dents, je suis prêt à me coucher. La batterie de mon GSM est plate, il est coupé, je l'ai mis en charge pour la nuit. On essaie de m'appeler depuis un bon moment, des dizaines de fois, on insiste, mais évidemment, je ne le sais pas. On frappe à la porte. Ma première réflexion, c'est : « À cette heure-ci… » J'ouvre, c'est Christophe Henrotay. Je lui dis : « Qu'est-ce que tu fous ici ? Tu sais que tu n'as pas le droit ? Si tu te fais choper par le coach… » Il fait une drôle de tête… Je le sens mal. J'ai un pressentiment. Il y a quelque chose de grave. Il ne vient jamais à l'hôtel. S'il a quelque chose d'urgent à me dire, il m'appelle. Et si je ne décroche pas sur mon GSM, il téléphone dans ma chambre. Avant qu'il me dise quelque chose, je sens que je me paralyse. Je suis sûr qu'il y a un problème sérieux. Christophe me lâche : « Ne te tracasse pas. » Il est tellement convaincant que je suis maintenant certain que ça pue ! Je veux savoir : « Allez, sors le truc. » Je suis à deux doigts de fondre. Il me répond : « Ben, ton papa a fait un petit malaise. Mais t'inquiète, on s'occupe bien de lui. Il est à l'hôpital, il est bien entouré. » C'est ça… Je connais trop bien mon père. Mon idole. Mon dieu. Si on me dit qu'il s'est retourné un ongle, pour moi, c'est déjà grave. C'est un roc. Un caïd. C'est comme ça dans mon esprit depuis que je suis gosse : il ne peut rien lui arriver. Il a septante ans, on lui en donnerait quarante, tellement il est en forme. Je ne l'ai jamais vu pleurer de douleur. Il ne se plaint jamais. Je ne me souviens pas que le médecin soit venu une seule fois à la maison pour lui ! Alors, s'il est maintenant à l'hôpital, c'est sûrement très grave.

Je ne pense qu'à une chose : me barrer ! Je mets quelques affaires dans ma pochette, je prends mes clés de voiture et je cours vers la chambre de René Vandereycken. Je dois le prévenir que je m'en vais. Il pourra me dire ce qu'il voudra, ça ne changera rien. Personne ne pourrait me retenir. Je frappe, j'entre, je lui dis que mon père a un problème, que je veux aller le voir directement. Il ne pose pas de questions, il me laisse partir. Je veux prendre ma voiture. Christophe insiste pour que je monte avec lui. Il est venu pour ça : « On va discuter pendant le trajet, ça te semblera moins long. » Et je vais avec lui. Heureusement… Si je prends le volant ce jour-là, je ne sais pas comment ça se termine ! Je fais du cent quatre-vingts où c'est limité à cinquante, je vais tout droit aux ronds-points. Je suis complètement à l'ouest. C'est sans doute un signe de Dieu. Si mon GSM n'était pas déchargé, j'aurais eu ma mère en ligne et j'aurais filé directement à l'hôpital en roulant comme un malade. Pendant le trajet, je pleure comme un gosse, j'ai les yeux gonflés. Pour conduire, ce ne serait pas top… Christophe m'explique que mon père a fait « un malaise dans la tête ». Je ne suis pas con, je sais que tout ce qui touche la tête, ça peut être catastrophique. Si on me dit qu'il s'est cassé un bras, je peux l'accepter : ça va se refaire. Mais là, le cerveau…

La route est interminable. Je ne vois rien. Le lendemain, je ne serais pas capable de dire par où on est passés. Je n'arrête pas de téléphoner. J'ai ma mère mais on n'arrive pas à communiquer : elle est en sanglots et moi aussi. Ça se passe un peu mieux avec ma femme. Elle est déjà à l'hôpital, à Chimay, et elle me calme. Elle essaye de m'expliquer le problème. Mon père a fait un AVC. Accident vasculaire cérébral. Je n'y connais rien. J'essaie d'appeler des médecins que je connais, je voudrais qu'on m'explique, mais il est tard et personne ne décroche.

Mon père a fait son AVC en fin d'après-midi. Il regardait un documentaire à la télé. Son frère lui a téléphoné. Ils ont parlé de foot, du match que j'allais jouer avec les Diables. Tout à coup, mon père s'est mis à divaguer. Son frère a trouvé ça très bizarre et lui a demandé s'il se sentait bien. Il a répondu : « Oui, t'inquiète, ça va très bien. Et aujourd'hui, je vais boire un coup. Je ne sais pas pourquoi mais je vais me mettre pompette…» Mon oncle a compris qu'il y avait un souci parce que mon père ne boit jamais d'alcool. Il a directement appelé ma mère pour savoir si elle était avec lui. Elle était chez des amis, elle est vite rentrée, et en arrivant, elle l'a trouvé au sol, inconscient.

Quand j'arrive à la clinique de Chimay, ce n'est pas beau à voir. Il a les yeux fermés. Aucune expression, aucune réaction. Plus rien ne bouge. Je pose plein de questions aux médecins et aux infirmières. Ils m'expliquent qu'ils ne peuvent pas faire de pronostic, qu'il faut faire des examens, contrôler un tas de paramètres. Ils savent qu'on peut limiter les dégâts si on fait une intervention dans les cinq heures qui suivent l'AVC mais ils n'ont pas le matériel. L'ambulance l'a emmené à Chimay parce que ce n'est qu'à dix kilomètres de Froidchapelle, mais ce n'est pas un gros hôpital, il ne peut pas être équipé comme un centre universitaire ou les cliniques des grandes villes. Charleroi aurait été mieux mais c'est à une demi-heure, et les ambulanciers sont allés au plus court, tellement c'était urgent. Le problème, c'est que le temps passe. Plus tard, j'apprendrai qu'on a trois heures pour faire une thrombolyse : on injecte un produit qui fait fondre le caillot. Mais ça non plus, Chimay n'est pas équipé pour le faire.

Mon père est vite transféré à Bruxelles. On a raté l'étape de la thrombolyse mais il est encore possible d'essayer quelque chose. Ils peuvent opérer. Mais ils nous préviennent : « Une opération au cerveau, dans son cas, ça veut dire une chance sur deux d'y rester. » Ton père est tout pour toi, vas-y pour prendre une décision pareille ! Tu imagines la responsabilité ! C'est à nous de choisir : ma mère, mon frère et moi. Ils expliquent aussi que les paramètres ne sont pas bons et qu'il a fait « un bel AVC, pas un petit ». C'est le pire dilemme de ma vie. On a presque droit de vie ou de mort sur mon père ! On dit aux médecins : « Et si vous n'opérez pas, il peut se passer quoi ? » Ils ne savent pas prévoir grand-chose : « On laisse comme ça et on voit ce qui revient. Parfois, on récupère presque tout. Parfois, on ne récupère presque rien… » On décide de ne pas opérer. On se dit qu'il s'est toujours battu et qu'il va encore le faire. Avec son caractère, il fera tout pour récupérer un maximum.

Je reste une dizaine de jours en Belgique, je passe une bonne partie de mon temps près de lui. Moi qui déteste l'ambiance et l'odeur des hôpitaux… J'essaie de lui donner de l'énergie, je téléphone à plein de gens pour avoir des avis, je contacte des médecins, des chirurgiens. On est en pleine saison mais le Bayern me donne congé. Je leur ai expliqué la situation par téléphone et ils savent que je suis de toute façon incapable de m'entraîner normalement. Si je retourne à Munich, je ne ferai rien de bon. Et je réfléchis beaucoup ! Un truc me passe par la tête : arrêter directement ma carrière pour rester près de mon père. Ce n'est pas une idée qui me vient comme ça, un soir, au moment d'aller me coucher… Non, ça n'a rien d'un flash, j'y pense sérieusement. Mon père est tout pour moi, je veux passer le maximum de temps avec lui. J'irai travailler. Je suis prêt à accepter n'importe quoi. S'il faut aller bosser à la commune de Froidchapelle, ça ne me posera pas de problème. Au moins, je serai sur place ! Mon père commence à reprendre un peu conscience par moments. Je le regarde dans les yeux quand il les ouvre et j'essaie de me faire comprendre : « Papa, ça fait dix jours que tu as fait un accident cérébral. Tu comprends ce que je te dis ? » C'est vraiment compliqué. Il ne sait plus parler, son côté droit est entièrement paralysé, le gauche ne bouge plus beaucoup, il ouvre les yeux puis les referme très vite. Mais j'ai l'impression qu'il me comprend. Je lui dis que j'ai envie d'arrêter le foot parce que je ne veux plus le quitter. Il fait des mimiques, comme s'il voulait dire non. Je lui répète plusieurs fois la même chose, mais avec d'autres mots. Je veux être sûr de bien comprendre sa réponse. Chaque fois, il me montre qu'il n'est pas d'accord. Une fois en bougeant une main, puis en fronçant les sourcils. Je lui dis : « Alors, je vais devoir continuer ? Tu devras encore regarder mes matches à la télé ! » Il a un petit sourire et il secoue très légèrement la tête de haut en bas. Ça veut dire oui. Et ma mère est catégorique. Elle ne veut pas que je plaque tout : « Tu ne vas quand même pas arrêter ta vie pour nous. » OK, alors, je continue…

En Allemagne, on se pose des questions. Je ne suis plus à l'entraînement depuis plusieurs jours et il n'y a pas d'explication officielle. J'ai quitté Munich pour un match des Diables puis j'ai disparu de la circulation. C'est surtout la presse à scandales qui se met sur le coup. On commence à lire n'importe quoi. Ils inventent des scénarios. J'ai seulement dit que j'avais des petits problèmes privés, ça ne leur suffit pas. Le Bayern me contacte et me conseille d'être clair pour qu'on arrête d'écrire des bêtises. Mais je n'ai pas envie d'entrer dans les détails, c'est ma vie, ma famille. Je dis simplement que mon père a fait un AVC et qu'il a besoin de moi, je demande de la compréhension. Le club est vraiment super dans l'histoire. Quand je reviens, on me donne encore des facilités pour que je puisse voir ma famille. Le lendemain des matches, on a un petit décrassage, et le jour d'après, on est en congé. Je m'arrange avec l'entraîneur, je peux brosser le décrassage. Ainsi, pendant trois mois, je rentre chaque week-end à Froidchapelle. Les dirigeants ne se posent pas de questions, ils pensent que je prends évidemment l'avion. Mais ça ne s'arrange pas toujours, il n'y a pas nécessairement un vol le samedi tard le soir ou le dimanche tôt le matin, et dans ces cas-là, je retourne en voiture. Je pars dès la fin du match, le samedi vers minuit. Ça fait 800 kilomètres, je roule toute la nuit. Je passe le dimanche avec mes parents et je reprends la route pour Munich le soir. Parfois avec Céline, parfois seul. Je sais que ce n'est pas du tout prudent. Surtout qu'après un match, avec l'adrénaline, un footballeur n'est pas toujours dans son état normal.

À ce moment-là, le Bayern montre encore tout son côté humain. Uli Hoeness m'appelle : « J'ai un ami qui s'occupe d'un centre spécialisé pour des gens qui ont fait un AVC. C'est réputé dans toute l'Europe. Et ce n'est qu'à une heure d'ici. Une chance pour toi. Si tu veux, on s'occupe de tout pour ton père, il vient ici et tu n'auras qu'à payer les factures. On fera le nécessaire pour l'amener de Belgique. Les jours de matches, on ira le chercher et il viendra te voir. On aura un chauffeur pour lui et une place réservée dans le stade. Comme ça, tu le verras régulièrement et tu pourras te concentrer à fond sur le foot. On veut que tu recommences à te défoncer pour le Bayern. » Ça me semble très bien. J'en parle à mon père. Mais dès que je prononce le mot « hôpital », il s'agite et il se braque. Il a toujours été allergique aux médecins, aux blouses blanches, aux cliniques. J'essaie de le convaincre que ce n'est pas vraiment un hôpital mais un centre de rééducation. Pour lui, ça ne change rien : s'il y va, c'est pour côtoyer des médecins, des infirmières et des gens malades. Il ne veut pas en entendre parler. Il me fait comprendre que si je l'emmène là-bas, il se laissera mourir. Il veut rester chez lui, dans son salon, dans son fauteuil, dans son lit. Je n'insiste plus. Je remercie Hoeness puis je fais les démarches avec mon frère et ma mère pour qu'on le soigne le mieux possible à la maison. Il y a une infirmière à domicile, Françoise Taets, qui habite juste en face, on la fait venir tous les jours. On trouve une logopède. J'ai joué au foot à Froidchapelle avec un copain qui est devenu kiné, il propose de passer aussi tous les jours. Et on réserve une navette qui le conduit plusieurs fois par semaine à l'hôpital Vésale, à Charleroi.

Mon frère fait des petits boulots, il a par exemple été livreur d'articles électroménagers et de médicaments. Ça ne lui plaît qu'à moitié. Je lui propose un deal : il passe un maximum de temps à Froidchapelle, il s'occupe à fond de mon père, il aide ma mère, et je l'aide de mon côté. Pour lui, c'est une bonne solution. Notre relation est redevenue très forte. Quand on jouait chez les jeunes, on a toujours tout fait ensemble. On s'entraînait à deux dans la prairie derrière la maison, on était toujours dans les mêmes clubs. Puis, je me suis envolé, lui pas. Je savais que ce n'était pas facile à vivre pour lui. Il a continué à jouer en divisions inférieures, mais régulièrement, on le comparait à moi. Quand il faisait une erreur sur le terrain, on tapait sans doute plus sur lui que sur un autre parce qu'il était mon frère et il était donc censé être bon. On lui mettait de la pression. Pendant des années, on a peu parlé de foot et de ma carrière quand on se revoyait. Comme s'il y avait une gêne, un blocage. Je me doutais qu'il devait m'envier et je me mettais à sa place, j'aurais probablement réagi de la même façon. On a refait le point au moment où sa fille est née, on a eu une bonne discussion, on s'est fort rapprochés à ce moment-là. Je lui ai dit : « C'est con qu'on n'ait pas continué ensemble. Imagine, deux frères professionnels dans les mêmes clubs, ça aurait été super. » Il m'a rassuré : « Ne t'inquiète pas. C'est la vie. J'ai eu du mal à une certaine période, mais c'est passé. Maintenant, je suis hyper heureux dans ma vie et super fier de toi. »

Les médecins sont satisfaits de la progression de mon père. Ils nous répètent que c'était un « gros AVC » et qu'il récupère assez bien. Ils voient des patients qui ne bougent plus jamais. Pour eux, c'est logique qu'il n'ait pas plus progressé. Si on a un accident pareil à vingt ou trente ans, les cellules touchées se régénèrent. Mais à septante ans, le corps ne travaille plus de la même manière. Moi, je suis très déçu de l'évolution. Je m'attendais à autre chose. Je pensais qu'il allait presque tout récupérer. On en est loin. Comme prévu, c'est pendant la première année qu'il y a eu le plus de progrès. Entre-temps, c'est très, très lent. Quand je le vois, ce n'est plus le même homme. La communication est toujours aussi compliquée. Il n'y a pas de retour, pas de paroles, seulement des mimiques. Je l'appelle souvent sur Skype. Je lui demande par exemple s'il a regardé le match du Bayern. Il me fait comprendre que oui. Je lui dis : « C'est bien, on a gagné, malheureusement je n'ai pas joué. » Il me montre que c'est dommage. Rien d'autre. Parfois, j'essaie de le brusquer : « Tu n'arrêtes pas de faire des mimiques, mais je veux t'entendre. » Il montre qu'il est désolé, qu'il ne peut pas. Je lui dis : « Allez Papa, tu t'es toujours battu. » Il me fait comprendre : « Ouais, ouais… Je ne peux plus. » Certains jours, j'ai l'impression qu'il a encore envie de se battre. D'autres fois, je me demande si le caractère n'a pas été touché, comme la parole, les souvenirs, la mobilité. Comme si lui-même s'était résigné, comme s'il avait décidé de laisser tomber. J'en pleurerais.

Si on lui demande de répéter une phrase, il y arrive plus ou moins. Mais faire une réponse lui-même, ça ne marche pas. À côté de ça, si ses petits-enfants commencent à chanter « Petit Papa Noël », il sait continuer avec eux ! C'est bizarre mais ces souvenirs-là sont dans un coin de son cerveau qui n'a pas été touché. Les médecins nous ont expliqué que les souvenirs étaient rangés dans des cases bien précises. Chaque case correspond à une période de la vie. Il y a des cases avec des souvenirs récents qui ont été démolies, et là, il a tout zappé. Par contre, la case d'à côté contient peut-être un souvenir très lointain, et si elle n'a pas été atteinte, il n'a rien oublié. Par exemple, il se souvient de nos parties de pêche à Cassis, mais si je lui parle de gros trucs que j'ai faits quelques semaines plus tôt ou plus tard avec Marseille, ça ne lui dit rien. On continue à évoquer la pêche, c'était sa passion. Un jour, il a envie d'aborder le sujet avec moi. Mais comme il n'y a pas de phrases qui sortent, il faut souvent y aller par élimination. Il me montre qu'il pense à un truc précis. Je dois imaginer tout un questionnaire et il ne me répond que par oui ou par non, avec ses mimiques. Je lui dis : « Tu veux parler de l'Allemagne ? » Non. « De foot ? » Non. « De bagnoles ? » Non. « Des enfants ? » Non. « De pêche ? » À ce moment-là, il sort un « Aaahhh… » qui vient de très loin. J'ai trouvé mais on a perdu dix minutes. Je continue.

« Quand ? Où ?... » Je lui demande s'il a envie qu'on aille pêcher. Pendant des années, ça a été mon rêve de faire des grands voyages avec mes parents, de faire des parties de pêche en mer avec lui. C'était très clair pour moi, c'était comme ça que j'allais les remercier pour tout ce qu'ils avaient fait pour moi. Je prévoyais un tour du monde. Mon père a vu beaucoup de pays quand il était catcheur mais ma mère n'est pas souvent partie. Tout ça, je peux évidemment l'oublier. Mon père ne peut plus prendre l'avion à cause de la différence de pression. Et il a des difficultés pour marcher. Après vingt ou trente mètres, il doit s'arrêter pour souffler. Il faut transporter son fauteuil roulant partout. Pêcher en fauteuil, ce n'est pas évident. Et il n'a plus qu'une main pour tenir sa canne. C'est très compliqué. Tout ce que j'avais prévu avec lui m'a été volé par l'AVC ! Je donnerais tout ce que j'ai gagné dans le foot pour qu'il recommence à parler. Ne plus l'entendre, c'est vraiment insupportable.

Je soutiens une association qui vient en aide à des patients victimes d'un AVC. Depuis son accident, je suis fort sensibilisé. J'essaie d'aider la recherche, à ma façon, en versant de l'argent. J'organise une « Journée Van Buyten » en fin de saison quand c'est possible, je l'ai déjà fait au centre national de Tubize et au Standard. J'invite des enfants, des entraîneurs leur font faire des ateliers, je suis là. Ça permet de récolter des fonds. Et je profite de ces journées pour mieux faire connaître la maladie, on distribue des prospectus. On y explique qu'il faut favoriser la prévention. Un AVC, ça s'annonce mais on ne s'en rend pas compte si on ne connaît pas les symptômes. Par exemple les lèvres qui partent sur le côté, un bras qui se paralyse légèrement. Ou on se met à divaguer. Tout ça se manifeste quelques heures avant l'attaque, on peut donc réagir en allant aux urgences. Les médecins peuvent faire sauter le caillot qui est occupé à se former. Si, dans la famille, on avait été au courant de tout ça, mon père ne serait pas dans un état pareil. Et ma vie ne serait pas la même.

_ 14

Ligue des Champions, finales et Cie

> « Les Anglais sont venus nous voler la Ligue des Champions à Munich, on ira la rechercher à Londres »

J'ai joué plus de cinquante fois en Ligue des Champions. Aucun match n'est banal. On goûte à la crème du foot européen, c'est carrément ce qui se fait de mieux dans le monde. J'ai affronté tous les plus grands clubs : Manchester United, City, Arsenal, Chelsea, Real Madrid, Barcelone, AC Milan, Inter, Juventus. J'ai eu dans les pattes quelques-uns des plus grands attaquants de l'histoire.

Mon tout premier match de Ligue des Champions, en 2003, est directement très particulier. Avec Marseille, on va jouer sur le terrain du Real. En face de moi, je vais avoir Iker Casillas, Roberto Carlos, David Beckham, Luis Figo, Zinédine Zidane, Raul, Ronaldo,… Je suis hyper nerveux. Ça ne me ressemble pas mais ça s'explique. Le contexte est énorme. Déjà à l'entraînement de la veille, dans le stade, je me sens anormalement énervé. Je découvre un nouvel univers. C'est Bernabeu, la magie. La pelouse est nickel, je n'ai jamais joué sur un gazon pareil. Le ballon glisse super bien. Et c'est si immense. Je redoute un peu l'ambiance pour le lendemain, je me dis que ça doit être infernal si tout le monde commence à crier. Mais le match commence bien, Didier Drogba fait 0-1. On sent déjà l'exploit. Mais on s'écrase très vite. On panique, on ne joue pas notre jeu. Alain Perrin, l'entraîneur de l'OM, a sans doute eu peur qu'on prenne une casquette et il aligne une défense à cinq alors qu'on joue toujours à quatre en championnat de France et que ça nous convient très bien. Dès qu'il nous en a parlé, j'ai trouvé que ce n'était pas une bonne idée. Il respecte trop le Real. Je ne le sens pas bien. Et on se marche dessus. Je marque dans le dernier quart d'heure : premier match de Ligue des Champions, déjà un but, c'est finalement 4-2. Je ne suis pas content. Personne n'est content chez nous. Quand tu marques deux fois sur le terrain du Real, tu peux t'en vouloir si tu repars les mains vides. Tu as l'impression d'être passé près d'un gros truc. On n'a pas joué notre match à fond, il y a plein de frustration. Ma famille était dans le stade, le déplacement avait été organisé par l'OM. Mais mon père n'a pas vu grand-chose. Il a perdu le groupe entre le car et l'entrée, et il a pris une mauvaise porte ! Au lieu d'avoir un siège bien placé avec une vue dégagée, il s'est retrouvé au milieu du kop de Marseille, tout en haut d'une tribune. Très loin du terrain. Et il avait oublié ses lunettes. Autour de lui, les types n'étaient jamais assis, ils hurlaient. « Qui ne saute pas n'est pas marseillais… » Pendant deux heures, il a été baladé de gauche à droite, il n'a pas trop apprécié le match. J'ai marqué mon but de son côté mais il ne l'a même pas vu.

On ne fait pas grand-chose dans cette Ligue des Champions. Dans notre groupe, il y a aussi Porto. Ça nous fait deux gros morceaux, c'est trop fort pour nous. C'est décevant de faire une toute grosse saison en championnat pour souffrir autant quand on joue devant toute l'Europe. Chez nous, on se fait encore avoir par le Real. Beckham a un coup franc, très loin de notre but. J'ai l'impression que dans notre équipe, ça ne tracasse personne. Mais c'est Beckham. Je sais que c'est dangereux. J'ai envie de crier à Vedran Runje : « Fais gaffe ! » Mais il y a trop de bruit, il ne va quand même pas m'entendre. Patate, lucarne, 0-1, c'est fini. Pour ma première année en Ligue des Champions, j'ai joué les six matches complets mais il me manque quelque chose.

Quand Marseille se qualifie pour la grande Coupe d'Europe, tout le monde est heureux et fier là-bas, c'est une bonne surprise. On n'espère pas nécessairement qu'on ira loin. Au Bayern, je sens directement une différence énorme. La Ligue des Champions, il faut la jouer chaque année. Et on vise très haut. Les matches de poule, ce n'est qu'un apéritif. Je la dispute dès que j'arrive en 2006. On sort sans problème de notre groupe, où il y a notamment l'Inter Milan. Pour les huitièmes de finale, on retourne au Real. Encore contre Raul et Beckham, et maintenant, ils ont aussi Ruud van

Nistelrooy devant. Mais je suis malade comme un chien. Je suis déjà fiévreux quand on prend l'avion, et à l'hôtel, la veille du match, j'ai 38.7 ! Le lendemain, ça ne va pas mieux. Je vais trouver Ottmar Hitzfeld, je lui dis que je meurs d'envie de jouer un match pareil mais que ça n'ira pas. Il me répond qu'il n'y a rien à faire, qu'il n'a personne d'autre à mettre en défense centrale, que je dois mordre sur ma chique. Je reste au lit le maximum du temps, le médecin du Bayern me conseille de boire beaucoup d'eau, je dois m'hydrater le plus possible pour tenir le coup. Je suis frigorifié sous ma couette et je transpire à fond. Je dois passer d'un lit à l'autre parce que tout est trempé. J'appelle plusieurs fois la femme de chambre pour qu'elle vienne me mettre des draps secs. Hitzfeld vient régulièrement prendre des nouvelles. Je ne mange rien. En fin d'après-midi, il vient me dire que je vais vraiment devoir jouer. Il a encore réfléchi, il ne trouve pas d'autre solution. Je me sens un peu mieux mais pas au point de monter sur le terrain. Je lui dis : « Impossible, coach. » Il me répond : « On verra le temps que tu tiendras. » Finalement, je joue, même le match entier. On perd 3-2, il faudra faire la différence au retour. C'est ce qu'on fait en marquant après dix secondes par Roy Makaay. Aujourd'hui encore, c'est le but le plus rapide de l'histoire de la Ligue des Champions.

En quarts de finale, je joue un des matches les plus mémorables de ma carrière, sur le terrain de Milan. On n'est pas trop bien en championnat, il faut faire un truc en Ligue des Champions pour sauver notre saison. J'égalise deux fois, deux buts du pied gauche, c'est énorme. En faisant 2-2 à San Siro, on est en confiance, on se voit en demis. Cette soirée-là est complètement folle. On a toujours un banquet avec la direction du club et des invités après les matches européens. J'arrive dans la salle en dernier, j'ai savouré dans le vestiaire. Quand je me pointe, je découvre des centaines de personnes. Des VIP et le top du Bayern : Hoeness, Rummenigge, Beckenbauer. Au moment où j'entre, tout le monde se lève et applaudit. Je me rends compte qu'on m'attendait, que le président n'a pas voulu faire son speech avant que je sois là. J'adore, mais je suis tellement timide que je suis gêné... Intimidé à fond. Être acclamé par des légendes pareilles ! Je n'arrive pas à aller au lit, je suis trop excité. Une équipe de la RTBF est venue à Milan pour me suivre dans ce match, Christophe Henrotay est là aussi : on refait le monde jusqu'à six heures du matin. Et les gens du Bayern savourent leur revanche. Un an plus tôt, Milan les a explosés, 4-1. Le lendemain, j'apprends que mes buts sont commentés dans toute l'Europe. Et c'est l'euphorie quand on atterrit à Munich. Les Allemands étudient les statistiques : on a huit chances sur dix d'aller en demi-finales. Mais on s'écrase au match retour, on se déchire complètement. On a plusieurs occasions. Je fais une reprise de volée fantastique, le gardien la dévie à ras du poteau. À rien près, je marque trois buts contre Milan et je suis l'homme de la qualification. Mais ils nous prennent en contre-attaque. À Munich, la déception est aussi forte que l'euphorie de la soirée du match aller. Notre saison continue à être difficile. J'ai presque tout joué en championnat, j'ai disputé en entier nos dix matches de Ligue des Champions, mais je suis frustré.

En 2009-2010, je fais encore mieux : douze matches. C'est Louis van Gaal qui nous entraîne, et avec lui, j'ai directement une relation particulière, très bonne, très constructive. Je sais l'image qu'il donne : on le prend pour un gars froid, cassant, même cynique. Ça ne passe pas avec tout le monde. Avec Franck Ribéry, par exemple, il y a plusieurs fois des clashes. Une incompatibilité d'humeurs, et ça chauffe entre eux. Tous les deux, ils n'hésitent pas à aller au conflit. C'est dommage parce que si tu n'es pas l'ami de Ribéry, ça devient compliqué de le rendre bon sur le terrain ! Tu te prives d'une arme. Van Gaal ne s'écrase jamais, il n'y a donc pas de réconciliation. Moi, je n'ai pas de soucis avec lui. Il nous fait des discours très forts. Il nous explique par exemple que chaque être humain a sa propre identité, que tout le monde est unique avec ses qualités et ses défauts. Il estime qu'un entraîneur doit savoir prendre chaque footballeur comme il est, qu'il ne doit pas essayer de le changer parce qu'il lui enlève alors une partie de ses points forts. Il dit qu'il est capable d'utiliser au mieux chaque joueur qui reste lui-même, fidèle à son identité. Il voit qui est compatible avec qui et il forme son équipe en fonction des caractéristiques de chacun. C'est intéressant comme raisonnement. Et il nous jure que lui non plus ne changera jamais : « Je suis direct. Je sais que je peux être glacial. Je peux comprendre que ce soit difficile à vivre pour certaines personnes. Mais je ne changerai rien. À vous de décider si vous me suivez. Respectez-moi et je vous respecterai. » Parfois, quand je le regarde, je pense à l'image que je donne. À des anecdotes avec des enfants qui ont peur de m'approcher, tellement

> Ligue des Champions, finales et Cie

ils me trouvent impressionnant à cause de ma taille et de mon regard sévère. C'est la même chose avec Van Gaal. Il inspire la crainte alors qu'il peut être attachant si on creuse. Il suffit de savoir le prendre, il peut devenir un vrai gentil… Aussi longtemps qu'il est content de notre boulot. Si ce n'est pas le cas, gare ! Il sait nous rentrer dedans, même après un match gagné. Pour lui, une victoire sans la manière, c'est une défaite. Un match gagné mais pourri, c'est nul de chez nul ! Dans ces cas-là, il explose : « On ne peut pas continuer comme ça. Les gars, l'échec se rapproche de plus en plus, on va droit dans le mur. »

Louis van Gaal est aussi un vrai Hollandais, très sûr de lui. Il a ses idées et il va au bout. On le remarque pendant tout le temps qu'il passe au Bayern. Il nous fait comprendre qu'il assumera si ça se passe mal : « Au moins, je ne pourrai en vouloir à personne. C'est ma méthode qui aura échoué, pas celle de quelqu'un d'autre. C'est trop frustrant d'aller dans le ravin en étant persuadé qu'on n'est pas le responsable direct de l'accident. » On élimine Manchester United en quarts de finale. Je me fais tailler par la presse anglaise, elle m'accuse d'avoir matraqué et blessé Wayne Rooney. Alors qu'il s'est fait mal tout seul. Il a beau l'expliquer lui-même, on ne me rate pas. Je remets les journalistes à leur place : « Des duels comme ceux que j'ai eus avec Rooney, il y en a une centaine par match en championnat d'Angleterre et vous n'arrêtez pas d'écrire que ça fait son charme. » En demis, on écarte Lyon. Il reste à battre l'Inter Milan en finale et j'aurai gagné la Ligue des Champions ! À Bernabeu, en plus…

Ce match-là, comme les autres, Louis van Gaal le prépare… à la Louis van Gaal. Il veut que le Bayern joue son jeu. En face, il y a des Italiens, et José Mourinho sur le banc. Mais ça ne change rien pour lui. On lui suggère de se méfier, de s'adapter. Tout le monde connaît Mourinho. On se doute que l'Inter va nous attendre dans son camp en espérant frapper sur une contre-attaque. Van Gaal a compris tout ça : « Je sais qu'il y a beaucoup de gens qui voudraient que je vous fasse jouer autrement. Pas question. On va attaquer, comme d'habitude. Je prends un gros risque, j'en suis conscient, mais je préfère perdre cette finale en pratiquant mon jeu que la gagner en reniant ma philosophie. J'assumerai tout si ça se passe mal. »

Pour moi, il prend un risque énorme. On connaît le réalisme de Mourinho. Avec Wesley Sneijder, Diego Milito et Samuel Eto'o, ils ont trois flèches qui peuvent nous tuer en contre. Et comme prévu, les Italiens nous attendent. Patiemment. Puis ils frappent. Deux fois Milito, 2-0, c'est foutu. On a été incroyablement naïfs. Et pourtant, on aurait pu gagner. À 0-0, j'ai fait une reprise de la tête dans le petit rectangle, Maicon l'a déviée du bras. C'était un penalty comme une maison. Mais l'arbitre n'a pas bronché. À la mi-temps, je suis allé lui dire que c'était scandaleux. Ça aurait pu tout changer. J'aurais pu être l'homme de la finale. Je n'en ai pas dormi pendant plusieurs nuits.

Pourtant, ce n'est encore rien par rapport à la finale de 2012 contre Chelsea. Chez nous ! Le Bayern peut devenir le premier club à remporter la Ligue des Champions dans son stade. Mais c'est le match le plus horrible de ma vie. La soirée la plus frustrante. Un des pires hold-up de l'histoire du foot. Si je dois retenir une seule image, c'est la désolation dans notre vestiaire après la défaite. Un joueur sur deux pleure à chaudes larmes, les autres ont simplement les yeux mouillés ! Franck Ribéry est toujours assis près de moi, à l'Allianz Arena comme en déplacement. Personne ne parle. Tout à coup, il me dit : «Tu sais quoi, gros ? J'ai envie d'arrêter le foot.» Je lui réponds : «Putain frérot, je pensais exactement la même chose.» On chiale.

Cette saison-là, on est dans une poule avec Villareal, Naples et Manchester City. Tout se passe bien, on fait le boulot, je joue une bonne partie des matches. Je vais avoir trente-quatre ans mais je fais une saison pleine, je suis un des joueurs du Bayern avec les meilleures statistiques. Mon pourcentage de duels gagnés est excellent, je suis dans le top du classement de la Bundesliga. J'ai l'impression de jouer le meilleur foot de ma carrière. Pour Jupp Heynckes, je suis une vraie valeur sûre. Puis j'ai une fracture du pied et je suis out de fin janvier jusqu'en mai. Je reviens juste à temps pour la finale. Je n'ai qu'une semaine complète d'entraînement dans les jambes mais je me sens plus ou moins prêt. Évidemment, je peux comprendre que Heynckes ne me titularise pas.

Depuis le banc, je vois un Chelsea complètement écrasé. C'est une finale de Ligue des Champions, on est censé avoir les deux meilleurs clubs d'Europe, mais on a l'impression que c'est le Bayern contre des amateurs. On les accule, la possession de balle doit tourner autour de 70/30, peut-être même 80/20 à certains moments. Ils ne savent plus où ils sont. On tire au but, on a plein de corners, ils n'ont rien. Pas une seule demi-occasion. On n'est même pas étonnés, c'est le scénario qu'on avait prévu, tellement on se sent forts. Pourtant, on doit attendre les dernières minutes pour marquer, Thomas Müller fait 1-0. Elle est pour nous ! Il ne peut plus rien nous arriver. Je m'échauffe depuis un moment, Heynckes me rappelle, je vais remplacer Müller, il va avoir la standing ovation de sa vie. Le coach m'explique ce que je vais devoir faire : « Ils vont jouer le tout pour le tout, balancer des longs ballons jusqu'à la dernière minute, tu connais les Anglais. Ils vont tous monter. S'ils ont encore des phases arrêtées, tu prends leur défenseur central, Gary Cahill. Tu ne le lâches pas. » Je lui réponds : « Vous ne trouvez pas que je devrais plutôt m'occuper de Didier Drogba ? Je le connais bien, j'ai joué avec lui à Marseille. Je sais comment il se déplace. Laissez-moi le prendre. » Je sais comment il faut tenir Drogba, et en plus, j'ai une envie énorme de m'occuper de son cas ! On n'a jamais eu de problèmes quand on jouait ensemble mais j'ai la hargne par rapport à lui. Je ne veux pas qu'il marque. La discussion ne va pas plus loin. Il y a trop de bruit, nos supporters se voient déjà avec la coupe et on n'a de toute façon pas le temps de faire des grands plans tactiques. Heynckes me dit que Jérôme Boateng a joué sur Drogba pendant tout le match et que ça s'est bien passé. Il ne veut rien changer.

Chelsea a son tout premier corner à deux minutes de la fin, on en a eu une vingtaine. Le ballon décolle, je vois le déplacement de Drogba. Boateng est à trois mètres, ça me bouffe. Si je dois le tenir, il ne me prend pas trente centimètres, je lui mets la tête dans la poitrine s'il le faut, je l'empêche d'armer sa reprise. Il reprend, il marque, tout est à refaire. Je suis dégoûté. Je regarde le banc en espérant croiser le regard de Heynckes pour lui faire comprendre qu'il aurait dû m'écouter. Il faut se remettre dans le match. J'ai la haine. À ce moment-là, je m'occupe bien de Drogba. Je lui rentre dedans. Un moment, il me dit : « Mais enfin, qu'est-ce que tu as ? Tu ne te souviens pas qu'on a joué ensemble à Marseille ? » Je lui réponds : « T'inquiète, ne le prends pas mal mais je suis trop motivé et trop énervé. Si tu veux qu'on soit copains, on aura encore le temps après le match. Ici, pas de cadeau. » Je sens qu'il est perturbé par ce que je lui dis. On peut se refaire pendant les prolongations, on a un penalty. L'ordre des tireurs est bien clair : ça doit être Thomas Müller, Toni

Kroos ou Bastian Schweinsteiger. Müller est sorti mais les deux autres sont encore sur le terrain. Et là, Arjen Robben prend le ballon. Il veut tirer, marquer, être la star de la soirée. Et il rate. On lui en veut. S'il marque, tout le monde l'enlace et l'embrasse, on le félicite pour avoir osé. Mais en se loupant, il se prend tout dans la tronche. Si le raté vient d'un joueur désigné, on ne lui reproche rien. Si ça vient d'un gars qui l'a jouée perso, ça fait des vagues dans une équipe. Ça lui revient comme un boomerang.

Ça devait être une toute grande fête. Théoriquement, en finale de Ligue des Champions, il y a un tiers des billets pour une équipe, un tiers pour l'autre, le reste pour des spectateurs neutres. Là, comme ça se jouait chez nous, il y avait trois quarts de supporters du Bayern. Il y avait des écrans géants un peu partout dans Munich, des centaines de milliers de personnes étaient dans les rues. Et on perd aux tirs au but. Je n'imaginais pas qu'à mon âge, je pourrais encore pleurer à cause d'un match de foot. On aurait préféré perdre à la régulière. Quand tu peux dire que l'adversaire était meilleur, tu te consoles. Mais quand il a passé son temps à éviter les coups, ce n'est pas normal qu'il reparte avec la Ligue des Champions. Dans le stade, les gens sont K.O., c'est une ambiance de fin du monde. Ce match, c'est un vol, une catastrophe pour le football. Un bus décapotable nous attend sur un parking du stade, le club a prévu une grande parade en ville. Évidemment, ça tombe à l'eau. On n'a qu'une seule envie : rentrer chez nous. Et qu'on ne nous parle plus de foot. On est quand même obligés d'assister à la réception officielle. On se croirait à un enterrement. Le président et le maire font un speech, personne ne les écoute. On est tous à table, immobiles. C'est un tableau terrible.

Au début de la saison suivante, on note que la finale de mai 2013 se jouera à Wembley. Pour nous, ce n'est pas anecdotique. Les Anglais sont venus nous voler la Ligue des Champions à Munich, on va aller la rechercher à Londres. Et la route vers notre troisième finale en quatre ans est assez tranquille. On explose Arsenal, la Juventus, Barcelone. Il reste à battre Dortmund pour avoir enfin le trophée. On sait qu'on est beaucoup plus forts : on a gagné la Supercoupe d'Allemagne contre eux et on a fini le championnat avec vingt-cinq points d'avance. Sur le papier, ils n'ont aucune chance. Évidemment, on a toute la pression. Beaucoup plus que Dortmund, qui n'a pas grand-chose à perdre. On sait que s'ils gagnent, toute l'Allemagne va se foutre de nous pendant au moins dix ans… Des journalistes nous chambrent un peu, ils nous demandent si on est prêts psychologiquement à perdre une troisième fois la finale. Comme s'il y avait une superstition. En Belgique, on dirait : « Jamais deux sans trois. » Moi, je m'accroche plutôt à la superstition inverse : « La troisième, c'est la bonne. » Le groupe est en même temps hyper confiant et hyper stressé. Il n'y a rien à faire, la presse continue à parler de malédiction. Je ne suis pas sûr du tout d'être titulaire. J'ai trente-cinq ans, je suis dans le meilleur club du monde et il y a seulement onze places sur le terrain… Mais je garde le moral ! Je sais que si on gagne, j'aurai été un acteur important. J'étais dans l'équipe qui a battu Arsenal : 1-3 là-bas au match aller, et ce n'est pas un club qui a l'habitude de se laisser gifler dans son stade ! J'ai participé aux deux victoires contre la Juventus, on leur a mis quatre buts sans en encaisser un seul, personne d'autre n'arrive à gagner sur leur pelouse depuis qu'ils sont dans leur nouveau stade. Et j'ai joué tout le match retour de demi-finale sur la pelouse de Barcelone, la meilleure équipe du monde. Une démonstration du Bayern, 0-3 devant 95 000 personnes, ça a fait les gros titres partout en Europe. Un des matches les plus marquants de ma carrière. Donc, j'aurai été un pion important, même si je ne monte pas sur le terrain en finale.

L'après-midi, à l'hôtel, je m'isole dans ma chambre. Je prends un t-shirt blanc, un marqueur noir, j'écris deux mots et je fais un dessin : papa, maman, un cœur. Personne n'est au courant. Ni mes parents, ni ma femme. Si je suis là, c'est grâce à mes parents. Je veux leur faire passer un message fort si on gagne. Il n'y a pas d'âge pour montrer son amour à ses parents. Il y a des ados qui ont peur de les serrer et de leur dire : « Je vous aime. » Je trouve ça ridicule. Quand j'écris sur le t-shirt, je me fous complètement de ce que les gens vont pouvoir dire. Je suis mes émotions, je vais peut-être vivre l'apothéose de ma carrière et c'est le moment de dire un grand merci !

Je suis réserviste. Le match ne commence pas trop bien pour nous. L'équipe est crispée, ça saute aux yeux. Dortmund nous accule dans notre camp. On a peu de possession de balle, c'est chaud. Manuel Neuer sauve un but tout fait. On se fait de plus en plus bouffer. Mais je ne m'inquiète pas trop. Je préfère ça au scénario qu'on a connu contre Chelsea. On avait été les kings pendant deux heures mais on avait pleuré à la fin. J'ai envie de dire aux gars de Dortmund : « Continuez, faites circuler le ballon, amusez-vous, on essayera de frapper dans les dernières minutes. On marquera un bête but s'il le faut… Ça nous convient très bien. Ce qu'on veut, c'est la coupe. Pas la possession ou les occasions. » Aussi longtemps qu'ils ne marquent pas, c'est bon. Et ils n'arrivent pas à mettre la balle au fond. J'y vois un signe. On se reprend en deuxième mi-temps, on sort de notre camp. Mario Mandzukic fait 1-0. Mais juste après, ils égalisent sur penalty. Sur notre banc, je sens subitement de la panique. Tout le monde repense à Chelsea. Heynckes est très nerveux. Il m'envoie deux fois à l'échauffement puis il me rappelle. Il me dit : « Boateng, ça ne va pas. » Puis : « OK, il va mieux. » Je m'échauffe pendant les vingt dernières minutes, je sens que je vais monter. Robert Lewandowski fait une volée fantastique, elle est dedans. J'hallucine. Mais l'arbitre annule le but, il a fait une faute avant de frapper. Ouf ! Et c'est finalement Arjen Robben qui nous sauve dans les dernières secondes. Il prend sa revanche sur la finale contre Chelsea. Je saute comme un gamin, je suis excité comme une pile électrique, aussi fou que si j'avais joué toute la finale, aussi heureux que si j'avais moi-même marqué. Je suis en transe. J'ai gagné la Ligue des Champions… *Yes !*

C'est fréquent que le joueur qui a marqué un but aussi important prenne le ballon dès la fin du match et le garde. J'observe Robben, il ne le réclame pas. Alors, je fonce et je le prends. Ça sera une belle pièce dans mes souvenirs ! Je le donne au chauffeur de notre car, il est au bord du terrain. Je lui demande d'aller le planquer dans le vestiaire et de m'amener le t-shirt avec le message pour mes parents. Je n'y vais pas moi-même, j'ai trop envie de rester sur la pelouse pour faire la fête. J'ai mis le t-shirt bien en vue près de mon sac, le gars ne peut pas se tromper. Dès qu'il me le ramène, j'ai envie d'être mitraillé par les photographes, je voudrais que mon message passe partout. On fait des photos quand j'ai le t-shirt sur moi, quand je le tiens près de la coupe, quand je l'accroche à ma taille. On le voit aussi en direct à la télé. À Froidchapelle, mes parents sont en pleurs. Quelques jours plus tard, on joue et on gagne la finale de la Coupe d'Allemagne. J'ai refait un t-shirt, cette fois il est pour Céline et nos enfants. Je dois même me chamailler un peu avec des gens de la Fédération, ils ne veulent pas que je le porte, c'est interdit de faire de la pub sur un terrain. Je les calme : « Allez, ce n'est pas de la pub, je laisse seulement parler mon cœur. »

Quand je lève la Ligue des Champions, sur le podium, je ressens des frissons uniques. C'est la signature de ma carrière. Je me dis que le petit gamin de Froidchapelle a vraiment fait quelque chose d'extraordinaire. Je suis tellement fier de moi. Je me revois dans la pâture avec mon frère et mon père, avec un pneu de tracteur accroché à la taille. Je revois les voisins qui rigolent et nous prennent pour des fous. J'ai commencé dans la dernière division provinciale du Hainaut, je suis maintenant sur le toit de l'Europe. Pour moi, cette Ligue des Champions avec le Bayern est aussi importante qu'une Coupe du Monde avec les Diables Rouges. Je soulève le trophée bien haut, je le caresse, je l'embrasse, je suis déchaîné. Je n'ai pas trente-cinq ans, je suis un ado. Quand on redescend sur le terrain pour le tour d'honneur, je prends mon téléphone et j'appelle ma femme. Je veux savoir si elle est encore dans le stade, je veux aller lui montrer la coupe devant sa tribune. Je veux qu'on vive ces émotions à deux.

La direction du Bayern a emporté à Londres la grande assiette remise chaque année au champion d'Allemagne. On a gagné le titre quelques semaines plus tôt. On fait des photos avec les deux trophées. Et une grande fête en ville, avec la famille. Plusieurs joueurs éclatent en sanglots. Le président nous fait un discours et dit notamment : « Vous ne pensez pas encore à la finale de la Coupe d'Allemagne. On se remettra au travail lundi. Ce soir, je veux que vous sortiez tout. Lâchez les bêtes qui sont en vous ! C'est congé ! Je ne veux pas à tout prix vous voir déchirés mais j'exige que tout le monde fasse la fête. Si j'en vois un qui ne se déchaîne pas, je vais m'en occuper. »

_ 15
2012, 2013, 6 trophées

> « En écoutant Guardiola parler de Mourinho, on comprend mieux que leur rivalité n'est pas une invention de la presse : ils se détestent »

La saison 2012-2013 qui nous mène au triplé Bundesliga – Ligue des Champions – Coupe d'Allemagne a commencé dans une ambiance particulière, un peu lourde. Le stage de préparation de l'été n'est pas le plus joyeux de ma carrière. On n'a rien gagné l'année précédente. Il y a eu la finale perdue contre Chelsea, on a été atomisés par Dortmund en finale de la Coupe d'Allemagne, on a terminé derrière eux en championnat en ayant perdu les matches chez eux et chez nous. Au Bayern, une saison sans trophée est une saison catastrophique. Les finales, ça ne compte pas si on ne les gagne pas. En 2010, on a remporté le titre, la Coupe et la Supercoupe d'Allemagne, et on a perdu la finale de la Ligue des Champions contre l'Inter. On est passés près d'un quadruplé historique. Mais entre-temps, on n'a plus rien eu. Ça fait très long. Et bosser comme des fous pendant près d'un an pour finir les mains vides, au Bayern comme ailleurs, ça frustre. Ça me fait penser à ce que mon père et Bernard Tapie me disaient : « Être deuxième, c'est nul. » On sent en même temps que Dortmund monte en puissance. Ça inquiète un peu à Munich. Ils restent sur deux titres d'affilée. Et avec Jürgen Klopp, ils ont l'entraîneur dont toute l'Allemagne parle. Il connaît très bien le foot, il fait des bons transferts, il a un système de jeu reconnaissable et efficace.

Quand les entraînements reprennent, ce n'est donc pas la joie. Je vois encore les visages le jour du premier rendez-vous. Il y a pas mal de monde qui tire la gueule… Il manque les internationaux qui sont allés loin à l'EURO, ils ont l'autorisation de revenir un peu plus tard. Je suis avec ceux qui ont été éliminés très tôt et ceux dont l'équipe nationale n'a pas su se qualifier ! Le groupe a dû être complété par des jeunes. On part en stage en Italie et l'ambiance ne s'améliore pas vraiment. J'ai l'impression que la finale contre Chelsea, c'était hier. On n'arrête pas d'en parler, on est toujours aussi dégoûtés alors que pendant mes vacances, je n'ai déjà pensé qu'à ça. Mais il faut travailler. Deux gros entraînements par jour. On sue comme des malades. C'est très costaud, et quand la tête n'y est pas, ça devient encore plus compliqué. Mais Jupp Heynckes nous met la pression : « On est passés à côté de tout, il va falloir se venger cette saison. Pas le choix. » Et il commence à faire des déclarations très fortes dans la presse. Il ose. Il dit qu'il a la meilleure équipe de l'histoire du Bayern et celle qui joue le meilleur foot. Il fait une comparaison avec les grandes équipes du passé, du temps de Franz Beckenbauer, Uli Hoeness, Karl-Heinz Rummenigge, Paul Breitner, Sepp Maier. Toutes des légendes. Il estime qu'on ne leur doit rien. Il faut être culotté pour parler comme ça, surtout que plusieurs de ces monuments sont toujours au Bayern, que certains sont ses patrons… Il exige qu'on devienne légendaires comme eux : « Je n'accepterai pas que des joueurs se cachent. Avouez vos objectifs. On a le meilleur groupe, les meilleures infrastructures, pas question de se réfugier derrière la pression ou d'autres excuses. Cette saison, on doit tout gagner. » Il a raison. S'il déclare qu'on va simplement essayer de bien faire, une partie du public va dire qu'on part déjà en pensant à la défaite, qu'on fait dans notre froc ! Heynckes choisit de donner un signal fort et son discours est bien accueilli. Personne ne le traite de prétentieux ou de rêveur. Et en fait, il a raison sur tout… Pendant un an et demi, on va tout écraser, exploser tout le monde, accrocher six grands trophées.

On commence par faire une bonne mise au point dès l'été contre Dortmund, en Supercoupe d'Allemagne. Chez nous, il y a plein de hargne, une énorme envie de revanche. Les Allemands ont commencé à prendre l'habitude de voir le Borussia meilleur que le Bayern, ça nous gonfle. En préparant le match, Heynckes nous met sous pression : « Maintenant, vous arrêtez leur série. » Ça se joue chez nous et on l'aborde comme une grande finale. On gagne, on ne se fait même pas peur. Cette victoire nous lance déjà vers un titre tranquille. On prend tellement d'avance qu'on a l'avantage de le fêter assez tôt, ça va nous permettre d'avoir l'esprit dégagé pour préparer la finale de Ligue des Champions, encore contre Dortmund. On voit ce titre comme un soulagement. On a mis fin à leur domination. La pression retombe. On la sentait partout, dans tout le club, pas seulement sur le terrain d'entraînement. Dans les bureaux aussi, ça grognait. Mais là, on se sent à nouveau invincibles. On le confirme en gagnant la Ligue des Champions. Il reste la finale de la Coupe d'Allemagne contre Stuttgart et on sait qu'on peut entrer dans l'histoire si on fait le triplé. Depuis que la Ligue des Champions a remplacé la Coupe des Champions, au début des années 90, il n'y a que trois clubs qui ont gagné, la même année, leur championnat, leur coupe et la grande Coupe d'Europe : Manchester United, Barcelone et l'Inter. Heynckes nous met en garde : « Stuttgart n'a rien fait de bon cette année, ils vont tout donner. Vous êtes les nouveaux héros de l'Europe, ils meurent sûrement d'envie de se montrer encore un peu plus contre vous. Vous êtes les bêtes à abattre. » Quand tu viens de gagner la Ligue des Champions, quand tu es à quelques jours du début des vacances, tu peux avoir du mal à te motiver pour une Coupe d'Allemagne. Tu te dis que c'est une petite coupe par rapport à la grande que tu viens de lever ! Mais on fait le boulot. Avec le recul, on comprend encore mieux qu'on a bien fait de tout donner ce jour-là. Si on était passés à côté de ce triplé historique par manque de motivation, on s'en serait mordu les doigts à vie. Et on a offert à notre coach des adieux extraordinaires. Quatre titres en dix mois…

Pep Guardiola reprend une équipe fantastique mais il sait qu'il a du boulot. Il doit la griffer. Comment faire aussi bien que Jupp Heynckes ? Et comment faire pour qu'on soit directement performants alors que leur conception du foot est si différente ? Il nous scie dès qu'il nous fait son premier speech : « Alors les gars, vous la voyez comment, cette saison ? Cool, hein… Vous avez tout gagné, vous avez bien le droit de vous reposer un peu. On va faire une année sympathique. On ne court pas trop. OK, tout le monde ? » On se regarde tous, on ne sait pas s'il est sérieux. Puis il enchaîne : « Évidemment que je dis n'importe quoi. Une année cool, je ne sais pas à quoi ça ressemble. On va mettre directement toute la sauce. Ce n'est pas avec moi que vous allez vous la couler douce. Je veux tout gagner. Refaire ce que vous avez fait avec Heynckes. » On comprend qu'il est au taquet… Lui, il s'est reposé pendant un an, il s'est offert un long break après avoir quitté Barcelone, il a voyagé, fait des réserves d'énergie : « Vous savez depuis combien de temps je n'ai plus rien gagné ? Ça me manque. »

Toute la presse se demande combien de temps il lui faudra pour nous faire comprendre sa philosophie. Pendant la préparation, on travaille plus que jamais. On doit jouer la Supercoupe d'Allemagne contre Dortmund en juillet. C'est tôt. Trop tôt. On n'a pas encore bien compris le système Guardiola, on est dans une phase de la préparation où le boulot physique est énorme, on vient de terminer un stage, tout le monde est hyper fatigué, il fait chaud. En plus, ça se joue à Dortmund, ils ont 80 000 supporters déchaînés, sans doute frustrés aussi. On n'est jamais vraiment dedans et on perd. On n'a plus l'habitude ! Mais on n'est pas abattus, on prend ça comme un petit réveil. Une claque qui doit nous faire du bien. Guardiola nous rassure : « C'était une finale mais pas un objectif pour moi. Ça ne m'intéressait pas de gagner ce match pour avoir un creux de quatre ou cinq semaines pendant le championnat. Je savais que vous étiez à court de jus à cause de tout ce que vous avez donné depuis la reprise. Dortmund était déjà bien dedans, mais eux, ils risquent de le payer dans quelques mois. On ne s'inquiète pas, on se remet au boulot. Ce qui me branche, ce sont les grands trophées. Vous préférez gagner cette Supercoupe ou le championnat ? Cette Supercoupe ou la Ligue des Champions ? » Dortmund nous a mis quatre buts mais Guardiola nous félicite, il a vu ce qu'il voulait voir : « Vous avez joué avec des couilles dans un chaudron. Pour moi, cette défaite est une victoire. Mais je vous préviens déjà que dans un an, mon discours sera différent. À ce moment-là, vous aurez eu assez de temps pour comprendre ma philosophie et je ne laisserai plus rien passer. »

Le lendemain, malgré la fatigue et la chaleur, c'est reparti pour un gros travail physique. On comprend vite où il veut en venir. Un mois plus tard, il y a la Supercoupe d'Europe contre Chelsea. Surtout contre Mourinho… Nous, on a surtout envie de battre Chelsea parce qu'on n'a toujours pas digéré la finale de Ligue des Champions. Guardiola, lui, est plutôt obsédé par une victoire contre Mourinho ! En l'écoutant parler de ce match, on comprend mieux que leur rivalité, ce n'est pas une invention de la presse. Rien n'a été imaginé, gonflé ou déformé, tout ce qu'on a dit et écrit est réel. Ils se détestent ! Vraiment ! Ils ont travaillé ensemble à Barcelone il y a très longtemps, Mourinho était adjoint et Guardiola jouait. Ça s'est gâté plus tard, quand ils entraînaient le Real et le Barça. Guardiola n'a pas oublié que Mourinho a tiré l'oreille de son assistant pendant un clasico historique. On a l'impression que notre coach prépare une finale de Coupe du Monde. Il ne le cache pas : « Si vous avez envie de faire un geste pour moi, défoncez-vous. S'il y a un match qui me tient à cœur, plus que tous les autres, c'est celui-là. »

Les journaux en remettent une couche. Ils parlent de la revanche du Bayern contre le Chelsea qui a fait un hold-up à Munich, ils rappellent notre défaite en Ligue des Champions contre l'Inter de Mourinho, ils tartinent sur les clashs à répétition entre les deux entraîneurs. On est habitué à ce que la Supercoupe d'Europe soit un match amical de prestige, mais là, ce n'est pas du tout le cas. Le prestige est là, mais ce n'est pas amical ! Et sur le terrain, ça taille. Personne ne se laisse faire. L'arbitre sort une dizaine de cartes jaunes, ils ont un exclu. Ça ressemble un peu à la finale Bayern – Chelsea : on a la possession et les occasions, l'équipe de Mourinho se contente de défendre. Mais ils tiennent, c'est 1-1 après une heure et demie. Puis ils prennent l'avance dans les prolongations. On revoit tous le scénario de la Ligue des Champions. Mais on égalise dans le temps additionnel. C'est bon : psychologiquement, on est mieux qu'eux pour les tirs au but. Petr Cech, leur gardien, est comme un boxeur qui vient de se prendre un uppercut, qui est au sol et se demande s'il va pouvoir se relever. Et cette coupe, on la gagne. Il y a de la jouissance dans notre vestiaire, pas seulement chez l'entraîneur.

La Coupe du Monde des clubs, c'est un peu comme la Supercoupe d'Europe. Un titre que les gens ne prennent pas trop au sérieux. Comme si c'étaient des matches amicaux. Mais quand on part au Maroc pour la jouer au moment des fêtes de fin d'année en 2013, la direction nous fait bien comprendre qu'il y a un prestige énorme en jeu. On y retrouve quand même la meilleure équipe de chaque continent. Et celle qui gagne la finale devient officiellement la meilleure équipe du monde ! On nous rappelle aussi que depuis sa création, aucun club allemand ne l'a gagnée. Et puis il y a le petit détail vestimentaire… Encore une façon de nous motiver… Le vainqueur aura, pendant un an, une petite coupe dorée sur le devant du maillot. Il ne faut pas croire que les footballeurs se foutent de ça ! Le maillot devient historique. On bat Casablanca en finale, je la tiens : le petit môme de Froidchapelle était déjà le premier vainqueur de la Ligue des Champions depuis qu'elle s'appelle comme ça, il devient aussi le premier footballeur belge champion du monde… Quand j'en parle à mon père, j'ai d'office les larmes aux yeux. S'il n'avait pas eu cette merde, qu'est-ce qu'on aurait pu s'amuser à commenter tout ça !

_ 16

Dix ans de galère avec les Diables

> « Je ne crois pas ce que je vois : des joueurs arrivent régulièrement en retard à cause des embouteillages, des téléphones sonnent quand le coach nous parle, parfois carrément dans le vestiaire »

Depuis que j'ai quitté la Belgique, je n'ai pas arrêté de progresser, et ça a été comme ça pendant plus de dix ans. Ça a roulé ! Marseille, une présence dans l'équipe type de la Ligue 1 en fin de saison, la découverte de la Ligue des Champions, Hambourg, une place dans l'équipe idéale de la Bundesliga, le Bayern, un paquet de trophées. Toujours plus haut... Et j'ai travaillé avec les meilleurs entraîneurs du monde. Mais pendant toutes ces années, je vis une double vie... Il y a un Van Buyten épanoui avec ses clubs. Et un Van Buyten frustré par l'équipe nationale. Après la Coupe du Monde 2002, la Belgique est dans le top 20 mondial mais je prévois déjà une dégringolade. Pour plein de raisons. On perd en une fois Robert Waseige, Marc Wilmots, Gert Verheyen et Johan Walem. Ils arrêtent tous dès qu'on rentre du Japon. C'est énorme. Parce que ce n'est pas un coach banal et trois réservistes mais un grand entraîneur et trois piliers des Diables. Wilmots et Walem ont connu le haut niveau en Allemagne et en Italie, et Verheyen faisait un boulot fantastique, il avait une force de travail incroyable, un rendement phénoménal. On se retrouve sans notre capitaine et notre vice-capitaine. Je sens qu'on va souffrir d'une perte de qualité et il y a aussi l'aspect mental qui ne me rassure pas. Les journaux n'arrêtent pas de tartiner sur leur départ et j'ai l'impression que ça joue dans la tête de ceux qui restent. Comme si ça allait être insurmontable. C'est clair qu'on sait très bien que ceux qui vont les remplacer ne seront pas directement aussi bons.

Déjà un an avant la Coupe du Monde, je me suis fait la réflexion qu'on allait avoir du mal à rester à un bon niveau. Dès mes premiers entraînements à Marseille, j'ai constaté une grosse différence par rapport à ce qu'on faisait chez les Diables. Tout allait plus vite en France. À ce moment-là, je dis déjà autour de moi qu'on ne va pas y arriver si on n'a pas plus de joueurs dans des grands championnats. Mais j'évite de le dire en public ou dans la presse parce que j'ai peur qu'on me tombe dessus, qu'on écrive des trucs du style : « À peine à l'OM, Van Buyten se prend déjà pour un autre. » Et ça ne va pas s'améliorer lors des années suivantes. Chaque fois que je reviens en Belgique, je sens un manque de qualité et de vécu, je me fais la réflexion que mon club battrait l'équipe nationale. Je me tais toujours. Des journalistes ont entre-temps commencé à me taper dessus, je dois faire gaffe ! Ils n'attendent qu'un dérapage à l'interview. Et je remarque que même les rares Diables expatriés deviennent moins bons dès qu'ils jouent avec les Diables. C'est inévitable : si tu t'entraînes avec des joueurs de Promotion, tu finiras par jouer comme eux. Mets le grand Zinédine Zidane dans une petite équipe, ça ne sera plus le grand Zidane ! Il fera peut-être deux ou trois beaux gestes mais il n'éclatera plus personne ! C'est difficile de se donner à fond le week-end quand tu n'as bossé qu'à moitié en semaine. Parce que tu perds vite l'habitude de te surpasser. Quand je suis à Hambourg, la différence de niveau est encore plus frappante. On commence à ne plus aller à aucun tournoi, et pour moi, ce n'est pas un hasard ou un manque de chance. On participe, sans plus. On ne doit rien espérer. On est dans la peau des clubs qui vont de temps en temps en Ligue des Champions mais savent qu'ils ne peuvent avoir aucune ambition. En plus du manque de qualités, je constate des lacunes graves dans les structures, dans l'organisation de l'équipe nationale, dans le suivi médical, dans plein de choses. Et sur le terrain, on fait souvent n'importe quoi. Des joueurs offensifs attaquent comme ils en ont envie, ils ne se replacent pas. Des défensifs ne sont pas non plus au top, ça ne ressemble plus à grand-chose.

À Hambourg, je fais une rencontre qui va me poursuivre longtemps. Dans une soirée de gala, je tombe sur Joachim Löw, qui est adjoint de Jürgen Klinsmann en équipe allemande. Tout le gratin de la Bundesliga est là, on discute de tout et de rien autour d'un verre et d'un buffet. On ne se connaît pas. Il vient spontanément vers moi. L'Allemagne est dans le creux, elle s'est plantée à l'EURO 2004, il me dit : «Tu sais qu'on recherche exactement ton profil en défense centrale ? Si on avait un joueur comme toi, ça pourrait changer beaucoup de choses. Quand je te vois avec Hambourg... Il paraît que ta mère est allemande ? Tu ne crois pas que tu pourrais jouer pour nous ?» Évidemment, il sait que je suis international avec la Belgique. Donc, c'est complètement impossible, interdit. Mais quand on a bu un verre, quand on est dans l'ambiance, on ne réfléchit plus toujours de la même façon, on oublie des trucs... À ce moment-là, Klinsmann lance Per Mertesacker et l'équipe se redresse. Je dis à mon père : «Mertesacker et moi, on a le même profil, la même taille. Löw avait raison. Tu imagines ? J'aurais pu être à sa place.» Avant de commencer avec les Diables, je ne me suis jamais posé de questions sur ma nationalité. J'aurais sans doute pu jouer pour l'Allemagne, vu les origines de ma mère, mais on ne m'a de toute façon jamais convoqué. Et j'étais si heureux de me retrouver chez les Diables. Mais là, après le discours de Löw, la révélation de Mertesacker, le renouveau de l'Allemagne, le passage à vide de la Belgique et toutes les critiques que je prends dans la presse, je râle ! C'est une période très douloureuse de ma carrière.

Les années passent et rien ne s'arrange. On ne fait pas du surplace, on recule. Et pas un peu ! J'ai joué dans une équipe qui était seizième au ranking FIFA après la Coupe du Monde 2002, on se retrouve plus loin que la septantième place. On descend dans les chapeaux lors des tirages au sort, ça se complique forcément de plus en plus. On finit par avoir dans notre groupe trois pays qui sont plus forts sur le papier. Et parfois des pays où les gars ont le couteau entre les dents quand ils jouent un match international. Tu affrontes des joueurs de Bosnie, de Croatie ou de Serbie... tu vois qu'ils ont connu la guerre. Et pendant ce temps-là, chez nous, c'est régulièrement le Club Med. Je suis dégoûté. Les entraînements sont légers, ça n'a rien à voir avec ce que je connais en Allemagne où ça se déchire tous les jours. À Hambourg ou au Bayern, si un joueur ose se plaindre parce qu'un coéquipier l'a taclé, le coach le remet à sa place : «Mets des jambières la prochaine fois.» Quand on rentre au vestiaire après un entraînement avec les Diables, beaucoup de joueurs sont contents, fiers d'eux : « On a bien bossé aujourd'hui. » On s'est promenés pendant une bonne heure, ça ne ressemblait à rien mais ils ont l'impression d'avoir tout donné, d'être allés au bout d'eux-mêmes. C'est comme s'ils préparaient un amical alors qu'on doit jouer un match de qualification. J'hallucine. Parfois, je regarde Timmy Simons. Se défoncer à en vomir, il sait ce que c'est depuis qu'il a quitté la Belgique. Il a connu le haut niveau au PSV Eindhoven puis à Nuremberg. On se regarde en coin, on se fait un clin d'œil. Pour se dire : « Mais c'est pas vrai… Comment tu veux qu'on se qualifie ? » Si tu es un compétiteur, tu l'es tous les jours de la semaine, pas seulement le jour du match.

Et puis, il y a tous les dérapages au niveau de la discipline. Certains jours, je ne crois pas ce que je vois. Des joueurs arrivent en retard aux rendez-vous. À cause des embouteillages, par exemple. Toujours les mêmes. Des téléphones sonnent quand le coach nous parle, parfois carrément dans le vestiaire. Celui qui se fait pincer paie une amende ou le champagne, et on n'en parle plus. Mais je n'ose pas imaginer ce qui se serait passé si un GSM avait sonné dans le vestiaire du temps de Waseige ! Le gars aurait pris le savon de sa vie, devant tout le monde. Quand on arrive sur le terrain, il n'y a parfois pas de ballons. Le jeune qui était censé prendre le sac l'a oublié… Et ça le fait rigoler. Dans n'importe quelle équipe de haut niveau, au moment du repas, personne ne se lève pour aller se servir avant que le capitaine ait donné le signal. Chez les Diables, on fait n'importe quoi. Des jeunes vont remplir leur assiette dès qu'ils l'ont décidé. Là encore, avec Simons, on se regarde et on a envie de bondir. Une équipe de foot, ce n'est pas une armée ou une école, mais si on ne respecte pas les règles de base, ça ne peut jamais marcher. À certains moments, j'ai un ras-le-bol total et je me demande si ça vaut encore la peine de perdre mon temps, de rater des bons entraînements dans mon club pour me retrouver dans un bordel pareil ! Mais avec le recul, je suis fier de ne m'être jamais débiné. Des petites blessures qui apparaissaient subitement quelques jours avant un amical ou un match sans enjeu puisqu'on était déjà éliminés, j'en ai vu plusieurs fois. Je n'ai jamais joué dans ce jeu-là. J'aime trop mon pays et mon équipe nationale ! Donc, je reviens chaque fois. Mais j'avoue que parfois, ça me pèse grave… Certaines fois, je perds de l'argent quand je rentre en Belgique parce qu'on ne touche pas de prime et j'ai quelques frais, bêtement une connexion internet à l'hôtel.

Je n'ai aucune idée du nombre de coéquipiers que j'ai eus chez les Diables Rouges entre 2002 et 2012 mais c'est costaud. Forcément ! Quand ça ne va pas, un entraîneur essaie autre chose. Pendant certaines campagnes, il y a des dizaines de tests. Ça ne change rien. Il y a toujours ce manque de qualité, de discipline, d'envie de bien travailler. J'en vois passer qui se plantent complètement, notamment parce qu'ils ont peur de s'affirmer. Ils ont des qualités spécifiques, ils pourraient nous apporter quelque chose qu'on n'a pas mais ils font tout pour se mettre dans le moule, pour ressembler à d'autres, comme s'ils cherchaient à se faire bien voir par tout le monde, surtout par le coach. Et donc, en étant comme ça, ils ne nous servent à rien. Ils coulent avec le groupe. Et la Belgique qui a fait sensation contre le grand Brésil à la Coupe du Monde 2002 n'effraie plus personne depuis longtemps. On va en Estonie, au Kazakhstan, en Azerbaïdjan ou en Arménie… on a peur. Si les Allemands vont au Kazakhstan, ils serrent les poings : « On va peut-être souffrir mais on va sûrement gagner. » Chez nous, c'est : « Aïe, qu'est-ce qu'on va encore se prendre ? » On n'a plus de certitudes. On trouve les excuses les plus faciles : le terrain était mauvais, l'hôtel était pourri et on a mal dormi, l'arbitre sifflait pour eux… Mais en face de nous, on a des morts de faim qui jouent devant des supporters déchaînés. On ne se met pas minables alors que c'est la seule façon d'arriver à quelque chose. J'ai quelques souvenirs horribles. Des matches où on m'abandonne complètement. Je me retrouve seul contre trois adversaires, on encaisse, j'ai l'air con, j'en prends plein la gueule, une fois de plus. On ne s'habitue pas à ça… Il n'y a pas de révolte, on se fait bouffer, rentrer dedans. Et quand tu reviens à Zaventem après avoir perdu en Arménie ou en Estonie, tu ne fais pas le malin ! Il y a peut-être des joueurs qui passent au-dessus, mais moi, je suis triste et je me sens ridicule. Tu sais que tu vas encore te faire tuer dans les journaux du lendemain, que toute la Belgique va encore rire de toi. En 2008, on se fait atomiser 1-4 par le Maroc à Bruxelles. La gêne. C'est un match comme on ne voudrait jamais en vivre. On ne réussit rien, on est en retard sur tous les ballons, et pour eux, tout roule. On se fait balader par dix techniciens qui ont l'impression d'être chez eux et de nous donner une leçon de foot. Ils ont le couteau entre les dents, on n'est nulle part, on n'a aucune agressivité. On les regarde jouer. Ces gars-là sont comme des frères, ça saute aux yeux. Chez nous, un ou deux joueurs ne veulent pas faire l'effort pour rattraper l'erreur d'un équipier, alors les autres non plus : «Pourquoi moi ?» Une soirée vraiment affreuse. Après un quart d'heure, je me dis déjà : «Vivement que ça se termine.» Et je suis revenu de Munich pour une parodie pareille. J'ai autre chose à faire !

Les retours dans mon club sont toujours des moments pénibles. Au Bayern, tout le monde, ou presque, est international. Et ils jouent pour des grands pays : Allemagne, France, Croatie, Brésil,... Quand on se retrouve le lendemain d'un match international, on parle des résultats de la veille. Moi, j'ai envie de me cacher dans l'armoire du vestiaire... J'entends encore Jupp Heynckes, un jour où il a voulu faire de l'humour : «Merci à tous d'être rentrés à temps. Et ça s'est encore bien passé pour tout le monde. Ah non, c'est juste... la Belgique de Daniel a eu des soucis, ça arrive.» Tous les autres donnent des détails sur le match qu'ils ont gagné. Et à ce moment-là, je me rends compte que mes coéquipiers ne sont même pas au courant de notre résultat. La Belgique ne compte plus, ils ne s'intéressent qu'aux grands pays. À chaque retour, j'ai la honte, je suis dégoûté.

Après notre défaite en finale de Ligue des Champions contre Chelsea, j'avais la rage et j'étais frustré. Tellement c'était injuste. Après avoir perdu des matches avec les Diables, après avoir raté des qualifications, c'est différent, je ne ressens jamais d'injustice. Chaque fois qu'on échoue, la logique a été respectée, on ne méritait pas mieux. Parfois, il nous manque sept ou huit points. Pas pour finir en tête mais pour terminer à la deuxième place qui donne éventuellement accès à l'EURO ou à la Coupe du Monde si on négocie bien les barrages... Et pour gagner les barrages avec une équipe comme ça, il y a encore du boulot. Bref, dans toutes les éliminatoires, on est très loin. Avant le début de chaque campagne, tout le monde y croit, ou fait en tout cas semblant d'y croire : la Fédération, le staff, les joueurs, la presse. Mais après deux ou trois matches, systématiquement, on a compris : ça ne sera pas encore pour cette fois-ci. On ne garde même pas un petit espoir jusqu'à la fin, c'est toujours très vite plié. Ça veut tout dire. Et ce n'est que normal. Quand tu es autour de la soixantième ou la septantième place du classement FIFA, tu ne peux rien espérer d'extraordinaire si tu es réaliste. On voit autour de nous des petits qui travaillent bien, qui progressent à une vitesse folle, qui vont à un Championnat d'Europe ou à un Mondial et y font même des flammes. Je pense par exemple à la Slovénie à la Coupe du Monde 2010. Un tout petit pays où il n'y a rien : pas de stades, pas de structures, un tout petit réservoir. Pendant ce temps-là, on rame. J'en reviens à la mentalité : dans des pays pareils, ils ont la dalle quand ils montent sur le terrain.

J'ai été capitaine dans quelques matches. Seulement en dépannage puisqu'on n'a jamais voulu vraiment compter sur moi pour porter le brassard… C'est la vie, ça ne m'a même pas étonné. Quand j'étais à Marseille au début des années 2000, je pressentais déjà que ça ne serait jamais pour moi, même si je faisais un très long parcours chez les Diables, même si je devenais le plus ancien. Par contre, j'ai souvent fait partie du conseil des joueurs. Et là, je m'implique à fond. C'est une bonne idée d'avoir un conseil parce qu'il est impossible d'avoir des discussions constructives si on invite tout le monde. Surtout s'il y en a quelques-uns qui viennent pour rigoler ou passent leur temps à envoyer des sms aux copains… Quand on a des réunions avec des gars comme Mbo Mpenza, Timmy Simons, Thomas Vermaelen, Vincent Kompany, Jan Vertonghen ou Axel Witsel, on bosse, c'est constructif. J'essaie de faire bouger les choses. Je deviens un porte-parole du groupe. Beaucoup de joueurs se plaignent et le conseil est censé faire remonter les infos vers le coach et l'Union Belge. Il y a une chose qui nous dérange vraiment : le Stade Roi Baudouin. Pendant les années où on ne fait pas de résultats, il y a très peu de monde. Et peu de monde dans un stade de 50 000 places, c'est mortel pour ceux qui sont sur le terrain. Je suis le premier à proposer qu'on déménage de temps en temps. Quand on va jouer au Standard, il y a toujours plus d'ambiance. Je suggère qu'on y aille plus souvent. En plus, il y a comme une malédiction pour nous à Bruxelles… Et la pelouse est régulièrement dans un état lamentable. C'est normal à partir du moment où c'est autant un stade d'athlétisme qu'un stade de foot. Les jardiniers se mettent vraiment à soigner le gazon trois ou quatre jours avant nos matches. Mais une pelouse, ça s'entretient toute l'année. Quand il a plu beaucoup, on s'enfonce et c'est impossible de bien faire circuler le ballon. Ce n'est pas la seule explication du manque de spectacle mais ça intervient quand même un peu.

Au moment où je suis capitaine, je propose une idée toute nouvelle en équipe nationale. J'explique que ce serait sympa qu'on récompense tous les gens qui travaillent autour du noyau. Ils font un très bon boulot mais personne ne les voit et ils ne doivent pas toucher un très gros salaire ! Je donne mes arguments aux joueurs : « Sur notre fiche de paie, on enlève systématiquement un pourcentage et on le verse à ces gens-là. On peut aussi leur offrir un petit cadeau de temps en temps. À Hambourg et au Bayern, c'est courant. Comme ça, ils se sentent importants et ils vont encore plus se décarcasser pour nous. C'est une question de savoir-vivre. On ne peut pas garder le beurre et l'argent du beurre. Ils font tout pour qu'on soit heureux, on doit faire la même chose pour eux. » Dans mes clubs, je vois que ça marche bien. Si tu donnes quelque chose au gars qui s'occupe des godasses, elles seront encore un peu mieux astiquées le lendemain ! Il y mettra tout son amour ! Il aura envie de te faire plaisir, de te montrer qu'il est content et reconnaissant. Mon idée est assez bien acceptée. Il y a quelques joueurs réticents qui disent : « Hé, c'est moi qui joue, c'est mon argent. » Je les remets à leur place : « Tu gagnes combien ? Tu sais combien ils ont, eux ? Et tu ne vois pas tout ce qu'ils font pour toi ? » Je propose qu'on vote et huit Diables sur dix sont d'accord sur le principe. Mais ça ne se fait que pour quelques matches, pendant les courtes périodes où je suis capitaine. Dès que je ne le suis plus, ça tombe à l'eau. Si j'étais resté capitaine, j'aurais proposé de faire la même chose dans chaque campagne. J'aurais aussi suggéré que la Fédération nous verse des primes de qualification plutôt que des primes de victoire par match. Au moins, on se serait battus pour quelque chose de concret, avec un objectif bien précis. Et en cas de qualification, on aurait partagé au prorata de ce que chacun avait joué. Mais la question ne s'est même pas posée. Parce qu'on ne m'a pas laissé être le patron officiel de l'équipe, et parce qu'on n'allait de toute façon pas aux tournois… J'avoue que plusieurs fois, quand j'ai discuté des primes avec le conseil des joueurs et la Fédération, j'ai eu l'impression de perdre mon temps. Dans mon esprit, on n'avait quand même que très peu de chances d'aller à l'EURO ou à la Coupe du Monde.

_ 17
Génération Wilmots

> « Advocaat me dit qu'il a choisi Vermaelen comme nouveau capitaine, le ciel me tombe sur la tête, je suis à deux doigts de quitter la pièce, je me suis encore fait avoir »

Quand Dick Advocaat devient coach de l'équipe nationale en 2009, on remarque directement un renouveau. On va redémarrer sur des bonnes bases, on va se remettre à viser des qualifications, on y croit. Ça se sent à plusieurs choses. Il y a la qualité des joueurs, de plus en plus de gars jouent dans des grands clubs étrangers et se battent même pour des titres. Il y a aussi la personnalité d'Advocaat, son charisme, son palmarès. Sa carte de visite est terrible. Quand j'apprends que Marc Wilmots est nommé adjoint, là, j'en suis presque sûr, je vais enfin devenir le capitaine attitré. Ce serait logique. Je suis le joueur qui a disputé le plus de matches avec les Diables, et pendant des générations, c'est presque systématiquement celui-là qui a eu l'honneur. Et Marc me connaît, il doit se douter que je peux être bon dans ce rôle-là. J'ai côtoyé quelques grands capitaines dans mes clubs, ils m'ont beaucoup appris. Frank Leboeuf à Marseille, Mark van Bommel et Philipp Lahm au Bayern. J'ai aussi mon expérience avec Hambourg. Là-bas, j'ai pris plein de plaisir à faire le boulot. Je parlais énormément avec tous les joueurs du noyau, j'allais régulièrement manger avec les réservistes, je repérais les gars qui étaient dans le trou et je faisais tout ce que je pouvais pour les ramener à la surface. Si tu veux bien faire le travail, ça te prend plein de temps. Ça ne se limite pas à donner des ordres quand tout va bien, ça c'est simple. C'est surtout dans les moments difficiles qu'on voit l'utilité d'un capitaine. Et reconstruire mentalement un coéquipier, à Hambourg, j'adorais. Parce qu'il était performant sur le terrain dès qu'il revenait. J'avais vraiment l'impression d'avoir servi à quelque chose, d'être une des clés de son retour.

Advocaat m'appelle pour discuter. Thomas Vermaelen est invité aussi. Je me doute que c'est pour parler du brassard et je suis confiant. J'ai retrouvé une certaine régularité chez les Diables après avoir connu des périodes un peu compliquées. Je ressens moins de pression. Je me sens parfaitement bien dans le groupe. Dans le noyau, personne n'a mon palmarès. Et les médias flamands ont arrêté de me taper dessus pour le plaisir ! Je sais ce que je vais pouvoir apporter. J'ai mon avis sur tous les problèmes qui nous ont empêchés de nous qualifier pour des tournois pendant une éternité. Je peux proposer des solutions concrètes. Je suis capable de taper du poing sur la table, persuadé qu'on va m'écouter. Je vais faire bouger les choses, je veux qu'on aille au Brésil en 2014 ! Advocaat commence à parler… Il dit qu'il veut un renouveau. Parfait ! Il continue en expliquant qu'il a choisi Vermaelen comme capitaine. Le ciel me tombe sur la tête. Je suis à deux doigts de quitter la pièce. Je suis dégoûté. J'attends quand même qu'il se justifie. Officiellement, son choix s'explique par une question de langue : il ne parle pas français, alors il estime que c'est compliqué de désigner un capitaine francophone parce qu'on ne pourrait pas dialoguer. Ouais, c'est ça… Il s'enfonce quand il ajoute que je ne dois pas être déçu : « En fait, vous êtes tous les deux mes capitaines, il n'y en a pas un qui l'est plus que l'autre. Simplement, c'est Thomas qui aura le brassard. Pour toi, Daniel, ça ne doit pas être un souci, je compte beaucoup sur toi. » Je me sens ridiculisé. Il me prend pour un gamin. Une fois de plus, je me suis fait avoir. Pour moi, c'était un vieil objectif. Il tombe à l'eau. Et ça ne changera plus, je ne serai jamais le capitaine des Diables, j'en suis sûr à ce moment-là. Après cette fameuse discussion, quand le titulaire est blessé ou suspendu, on en choisit un autre, et si l'autre n'est pas là, encore un autre… Un jour, Eden Hazard m'en parle : « Mais pourquoi ce n'est pas toi ? Tu joues dans le meilleur club du monde, tu as gagné plein de trophées. Ça ne te fait rien ? » Je lui réponds : « Ça fait des années que ça me fait… » Il continue : « À ta place, je serais dégoûté. » Je clôture la conversation, je n'ai pas trop envie d'aller plus loin : « Mais je suis dégoûté, Eden… » Ce manque de reconnaissance restera toujours un de mes regrets avec les Diables. Il ne faut pas croire que c'est un truc de gosse, un caprice. Un capitaine se sent honoré, reconnu. C'est une ligne en plus sur la carte de visite.

Comme je l'avais pressenti le premier jour, l'arrivée de Dick Advocaat est un tournant historique dans l'histoire de l'équipe nationale. Dès qu'il débarque, on passe du noir au blanc. Déjà parce que plusieurs joueurs arrivent en même temps à maturité. Et aussi parce qu'il ferme définitivement le Club Med… Au premier entraînement, on comprend. Il resserre tous les boulons. Il me rappelle vite Robert Waseige. Il nous explique que celui qui mettra un pied de travers volera directement dans la tribune. Il n'y aura plus d'avertissement. Quand il nous parle comme ça, j'ai envie d'aller lui serrer la main, devant tout le monde. Je me dis : « Enfin, on va retravailler avec un gars qui a des couilles ! » On voit qu'il a connu le haut niveau à l'étranger, qu'il ne s'est pas contenté d'entraîner en Belgique. Et quelques semaines après son arrivée, il achève de marquer son territoire quand il exclut Vincent Kompany qui s'est pointé en retard à un rendez-vous. Kompany a une très bonne excuse : il est allé à l'enterrement de sa grand-mère. Mais il n'a pas prévenu le coach qu'il rentrerait un peu plus tard, donc il vole en tribune. Advocaat ne fait aucune différence entre les joueurs les plus populaires du noyau et les réservistes, entre les stars confirmées et les jeunes qui doivent encore tout montrer. Et il prévient : « Le prochain qui ne sera pas pro, il ne jouera carrément plus jamais avec moi. » Le message passe. Je remarque aussi que la Fédération continue à se professionnaliser à tous les niveaux : les installations, la préparation médicale,… Je suis persuadé que ça va marcher, tous les feux sont verts !

Quand Advocaat s'en va subitement après seulement quelques mois, c'est Louis van Gaal qui entraîne le Bayern. Il me parle des Diables. Il me dit que ça l'intéresserait d'entraîner la Belgique. Mais il n'a pas envie de quitter le championnat d'Allemagne du jour au lendemain, il pense plutôt à cumuler les deux postes. Il estime que c'est faisable et il me demande mon avis. Je lui dis : « Vous savez, entre le noyau du Bayern et celui de la Belgique, il y a encore un monde d'écart, on ne parle pas tout à fait de la même chose. » Mais il connaît bien les Diables et il semble sûr de lui : « Crois-moi, c'est possible de faire quelque chose de très bien avec des joueurs comme vous avez. Il y en a qui commencent à s'imposer dans des grands clubs et ce n'est pas fini. J'ai aussi des échos très positifs de vos Espoirs.» Et au moment de quitter le Bayern, il m'en reparle : «Ça me plairait bien d'entraîner l'équipe d'Allemagne. Mais la Belgique, ce serait très chouette aussi. Je n'ai pas changé d'avis.» Au moment où Leekens part, j'entends circuler plusieurs grands noms qui auraient envoyé leur CV à la Fédération. Il y aurait une dizaine de candidatures prestigieuses : Marcello Lippi, Guus Hiddink, Ralf Rangnick, et encore Van Gaal. Ils font partie de ce qui se fait de mieux en Italie, aux Pays-Bas et en Allemagne. C'est marrant si on compare avec les coaches qui étaient intéressés par le poste cinq ans plus tôt ! Aucun entraîneur renommé ne voulait de nous. Ils n'étaient pas stupides non plus ! Ils savaient qu'ils seraient venus au casse-pipes, qu'ils risquaient de se faire massacrer, que ça pouvait être très mauvais pour leur carrière. Ils n'avaient pas de baguette magique. Moi aussi, j'aurais refusé.

L'Union Belge consulte des cadres de l'équipe quand Georges Leekens démissionne en 2012. Comme Advocaat, il a préféré partir en cours de route ! On nous demande notre avis sur quelques entraîneurs qui se sont manifestés. On nous dit que Marc Wilmots est sur la liste. Je dis ce que j'en pense : «Il me laissait déjà une super impression quand on jouait tous les deux chez les Diables. On a connu des moments forts. Point de vue caractère, vous pouvez être rassurés : il ne laissera rien passer. Et on en a besoin.» Dès qu'il est nommé, il nous montre que ça ne sera pas plus cool qu'avec Advocaat et Leekens. Il bosse à l'allemande. Il faut marcher droit ! Un pas de travers et tu peux voler dehors. Pour moi, c'est très bien. Il continue à améliorer les structures, il accorde une grande importance à l'aspect médical, il fait venir Lieven Maesschalck, le kiné que les sportifs de haut niveau s'arrachent, le gars qui soigne les plus grands footballeurs du monde. Ça bouge à tous les niveaux, Wilmots met la touche finale. Il tient directement des discours très forts, et par rapport à Advocaat, il a le gros avantage de pouvoir parler aux joueurs dans les deux langues. Quand il faut jouer sur le sentimental et la motivation, c'est important. En ne parlant que le néerlandais, Advocaat avait parfois du mal à faire passer certaines subtilités à des joueurs francophones. Wilmots peut aller au fond des choses avec tout le monde. Il nous dit qu'il en a marre qu'on se fasse marcher dessus : «La période où les Belges étaient tout le temps battus, c'est terminé. Vous devez être dégoûtés par tout ce que vous avez vécu ces dernières années. Mais on n'y pense plus. C'était tellement mauvais, tellement malsain qu'il faut oublier et passer à autre chose. Vous avez assez de qualités, allez au charbon. Je veux revoir de la fierté et une envie de révolte collective. » Il utilise parfois des formules chocs pour nous toucher, pour nous secouer. Et sur le terrain d'entraînement, je vois enfin la même mentalité qu'au Bayern : on se rentre dedans, on n'a pas d'amis dès qu'il faut arracher un ballon. Quand des joueurs se plaignent un peu, il les remet à leur place. S'il y en a qui sont dégoûtés parce qu'un coéquipier leur a fait un peu mal, il nous montre qu'il n'en a rien à cirer. Tout le monde comprend sa façon de travailler. On ne se fait pas de cadeaux, mais une fois que l'entraînement se termine, on se tape dans la main.

Vu que j'ai joué avec Marc Wilmots, j'ai une relation particulière avec lui. On était très proches à la Coupe du Monde 2002, il était l'ancien et j'étais un petit jeune, alors il s'était beaucoup occupé de moi. Quand il devient mon entraîneur, je me retrouve un peu dans la situation de l'enfant qui a subitement son père comme prof... C'est parfois difficile à gérer, mais moi, ça ne me pose aucun problème. Je ne vois Wilmots ni comme un ancien coéquipier, ni comme un pote. C'est mon coach. S'il me demandait de faire dix tours de terrain en sprintant, je le ferais sans réfléchir. C'est ce que je faisais avec mon père dans la prairie... Il ne me viendrait pas à l'idée de lui dire : « Calme, Marc, n'oublie pas qu'on a encore joué ensemble ! » Par contre, une fois qu'on n'est plus sur le terrain, on discute beaucoup. Encore plus que quand on était tous les deux dans l'équipe. Dans ces moments-là, je le tutoie comme je l'ai toujours fait. Par contre, sur le terrain, si je dois l'appeler, je dis « coach », ça m'évite de devoir le vouvoyer ou de le tutoyer... Je contourne la difficulté.

Le premier tournant important sur la route du Brésil, c'est le tirage au sort. Pour la première fois depuis très longtemps, on n'a pas un tout gros morceau dans notre groupe. Quand tu te retrouves face à l'Allemagne ou l'Espagne, tu ne te fais déjà plus d'illusions pour la première place. Ici, on a quelques adversaires d'un bon niveau mais on sait qu'on ne doit rien aux Écossais, aux Serbes ou même aux Croates. On a l'impression d'être au-dessus de tout le monde dès le départ, d'avoir plus de qualités. Psychologiquement, c'est super important. Tu ne démarres pas avec le même stress, avec un sentiment d'infériorité. En fait, on ne craint que la Croatie.

Avant de commencer, au Pays de Galles, Marc Wilmots me prend à part. Il m'explique qu'il a trois gars du même niveau pour les deux places en défense centrale. Il dit qu'il doit faire un choix et qu'il prend Vincent Kompany et Thomas Vermaelen dans un premier temps. Il me rassure, il me fait bien comprendre que rien n'est définitif. Je suis déçu, mais aussi lucide. J'ai trente-quatre ans, les deux autres sont beaucoup plus jeunes. Il y a eu des périodes où j'étais abattu quand on m'annonçait que je serais sur le banc, mais j'ai évidemment évolué. Si je peux aller au Brésil, même en ne jouant qu'une fois de temps en temps, je serai aussi heureux que les titulaires. Et au fond de moi, je suis persuadé que j'aurai encore ma chance, que je vais encore compter dans ces éliminatoires. Je ne me trompe pas. Je ne joue pas la première partie de la campagne, puis il y a des suspensions, des blessures, des périodes de méforme chez les autres. J'entre dans l'équipe vers la moitié du parcours et je ne la quitte plus. Et au bout du compte, je suis le défenseur central qui a le plus de minutes de jeu. Je termine le boulot !

Du début à la fin des éliminatoires, on écrase tout le monde. C'est tout nouveau. Dès les premiers matches, on sent qu'on est dans le bon. On joue à l'extérieur comme chez nous, on essaie toujours de prendre le contrôle. On étouffe l'équipe d'en face. Parfois, elle appuie, alors on fait le gros dos en sachant qu'on pourra frapper plus tard. Personne ne panique. C'est spectaculaire en Serbie, par exemple. Ils nous prennent à la gorge pendant les vingt premières minutes, on a du mal à sortir et il n'y a rien à dire s'ils marquent trois buts. Mais on arrive à ne pas encaisser, puis on les empoigne, on gagne le combat physique et le match. Le jour où on va jouer la qualification en Croatie, on nous promet l'enfer. Le stade de Zagreb est réputé pour son ambiance, et dans les journaux belges, on commence à douter un peu des Diables. En face de nous, il y a Luka Modric, Ivan Perisic, Mario Mandzukic. Ils sont survoltés mais on les contrôle de la première à la dernière minute. Ce match est un symbole de notre parcours. Pendant qu'on gère, je repense à un match que j'avais joué dans le même stade en 2003 : ils frappaient de tous les angles, ils nous avaient explosés, on avait pris quatre buts, on ne savait pas sortir, on avait été ridicules.

On a été au top du premier au dernier match. Si la Croatie n'avait pas fait aussi un gros parcours, on aurait fait partie des qualifiés les plus rapides pour la Coupe du Monde. Tout y était : les résultats, la manière, le sérieux, l'enthousiasme, le spectacle, les buts. Quand on fait notre tour d'honneur à Zagreb, je suis un des derniers à rentrer au vestiaire. Avec mon grand drapeau sur les épaules, je me sens si bien… Plusieurs jeunes joueurs sont déchaînés et se disent peut-être que ce n'est que leur première qualification, que d'autres grands moments vont suivre. Moi, je pense au Brésil, à mon deuxième tournoi, mais encore plus à toutes les galères que j'ai connues pendant dix ans. Mes coéquipiers et moi, on n'a pas exactement les mêmes choses en tête… J'ai ramé pendant plein de campagnes éliminatoires, on m'a régulièrement tapé dessus, j'ai l'impression de sortir enfin du noir. J'ai envie de dire à certaines personnes : « Désolé, les gars, mais je suis toujours là. » Et je veux communier un maximum avec le public parce qu'entre les supporters et moi, ça s'est toujours bien passé. Avec les Flamands, avec les Wallons ! Je chante avec eux : « Brazil… » J'ai l'impression de redevenir un gosse. Je suis le môme de Froidchapelle qui a envie de faire la fête.

_ 18

Presse, amour et haine

> « Quand je reviens pour un match des Diables, je ne me sens plus chez moi, tous les prétextes sont bons pour m'agresser, mais je leur ai fait bouffer leurs crayons »

Au moment de notre qualification pour le Brésil, ça fait un bail que la presse me fout la paix. Quel bonheur ! Mais qu'est-ce qu'on m'en a fait baver ! C'est venu progressivement et c'est allé très loin, ça a été très grave. Je n'ai toujours pas tout compris entre-temps mais j'ai quand même ma petite idée sur ce qui a poussé quelques journalistes à me choisir très vite comme cible.

Quand j'arrive chez les Diables au début des années 2000, il n'y a aucune raison de m'attaquer. Celui qui s'y risquerait, il passerait pour un idiot, il ne serait pas crédible. Je suis bon avec le Standard, je sors d'un paquet de très bons matches avec les Espoirs, je me retrouve trois fois près du but pour mes débuts avec l'équipe A contre Saint-Marin, je marque mon fameux goal en Écosse, je suis transféré à Marseille pour un pactole, je vais à la Coupe du Monde 2002 où je ne rate pas une minute, où je fais un tout gros match contre le Brésil. Qu'est-ce qu'on pourrait me reprocher ? Je ne m'en rends pas compte, pourtant les premières tensions se préparent déjà. On dit parfois que je suis un nouveau fils spirituel de Robert Waseige, tout le monde voit qu'on a un lien très fort. Mais entre lui et la presse flamande, ça se passe rarement bien. Dès qu'il a remplacé Georges Leekens, un an avant l'EURO 2000, les Flamands ont commencé à le titiller sur tout et sur rien. Il ne se laisse pas faire, il a l'art de répliquer, de piquer les journalistes, de les remettre à leur place avec les bons mots, donc ça s'envenime, c'est l'escalade. Toujours plus violent, jusqu'à l'énorme clash au Japon. Après la Coupe du Monde, il n'est plus là et on commence à m'agresser de temps en temps. Ils doivent sans doute trouver quelqu'un pour remplacer Waseige, il leur faut une nouvelle victime… Je prends de l'importance, et un joueur wallon qui devient un pilier des Diables, je sens bien que ça ne plaît pas à tout le monde. Je comprends aussi que ça en irrite certains que je joue à un très bon niveau dans un club mythique comme Marseille. À ce moment-là, il y a peu de Diables à l'étranger. Moi, j'ai une grosse cote en France, je suis le transfert le plus cher du football belge : c'est trop ! Je pense que ça passerait mieux si je réussissais tout ça en venant de Flandre ou de Bruxelles. Ce qui me tue aussi, c'est leur impatience. J'ai beau expliquer que le métier de défenseur est encore tout nouveau pour moi, que j'étais encore un pur attaquant quatre ans plus tôt, que je suis toujours dans ma phase d'apprentissage, ils ne m'écoutent pas quand j'explique tout ça. Ils sont tolérants avec des jeunes de l'équipe nationale qui ont pourtant fait toute leur formation dans le même rôle, ils disent que c'est inévitable de faire des petites erreurs à leur âge. Avec moi, il faudrait que tout soit parfait, et tout de suite. Mais c'est quand même logique que je me troue de temps en temps !

Tous les prétextes deviennent bons pour me critiquer : une mauvaise passe, un mauvais placement, un mauvais jugement. Je suis choqué, sidéré, mais je n'ose pas réagir. Je suis trop jeune, trop timide, trop respectueux aussi. Je ne me défends pas, je laisse couler. Parfois, j'ai envie de les recadrer mais j'ai peur que ça se retourne contre moi. Quand je reviens en Belgique pour un match des Diables, les conférences de presse sont de plus en plus tendues. Je ne suis pas du tout à l'aise, je n'arrive plus à être moi-même. Je ne me sens plus chez moi, plus dans mon pays. J'ai l'impression en permanence qu'on m'attend au tournant, qu'on espère un dérapage, une phrase malheureuse. Ça permettra de rebondir dessus et de me casser encore une fois. Il y a des moments où plusieurs joueurs sont présents pour la presse, et les journalistes vont écouter ceux qu'ils souhaitent. En général, je ne vois que des francophones à ma table. Ça m'interpelle déjà. J'aperçois de temps en temps un Flamand à quelques mètres mais il veut donner l'impression qu'il ne m'écoute même pas. En fait, il tend l'oreille, et dans le journal du lendemain, il met les passages qui l'arrangent. S'il le faut, il déforme certaines phrases ou il les sort de leur contexte. Même des questions posées par des francophones m'étonnent parfois, aussi. Par exemple, on parle de mon dernier match avec l'équipe nationale, ça s'est très bien passé, j'ai marqué, j'explique tout ce que je ressens. Ça me fait du bien, je sens une complicité. Puis, un journaliste revient sur les critiques parues deux mois plus tôt. Il ne m'attaque pas, il me demande simplement si je les trouve justifiées. Il ramène le sujet alors qu'il n'y a pas de raison de le faire. C'est dépassé, on a vécu autre chose entre-temps. Ils me sortent les tripes puis ils me cassent… Et ça se produit plus d'une fois. J'ai du mal à comprendre. Finalement, je n'ai plus envie d'aller à la rencontre de la presse. C'est une vraie corvée. Mais je ne les boycotte pas, je suis conscient que ce serait un jeu dangereux. Ils ont en tout cas réussi à me crisper, et plus uniquement en salle de presse. Sur le terrain aussi, je me sens moins sûr de moi. C'est humain. Tu sais qu'à la moindre erreur, on va peut-être te lyncher. C'est comme le type qui reçoit tous les jours des reproches de son patron dès qu'il arrive au bureau. On lui dit qu'il est mal habillé, que sa coiffure ne ressemble à rien, qu'il a deux minutes de retard, qu'il passe trop de temps devant la machine à café, qu'il doit faire attention s'il veut garder son job. À la longue, il a déjà peur avant de partir au boulot. Et une fois qu'il y est, il ne travaille plus aussi bien que si on appréciait ce qu'il fait. Je me sens exactement dans cette situation-là. Je ne suis plus libéré. Autant je me sens bien quand je joue avec mon club, autant je suis stressé avec les Diables. J'en parle avec Franck Ribéry, qui se fait démolir dans la presse française, il me dit qu'il ressent la même chose. Entre le Ribéry du Bayern et le Ribéry des Bleus, il y a un monde de différence. Chez lui aussi, le problème est d'abord psychologique. Je ne mets pas tous les journalistes dans le même sac, il y a toujours une majorité qui essaie de bien travailler, mais il suffit de quelques gars agressifs et négatifs pour que ça se passe mal.

Je suis encore plus perturbé quand je me rends compte que ma famille souffre beaucoup des critiques. Quand les journaux sortent, moi, je suis déjà rentré dans mon club, donc je ne lis rien. Mais mes parents, eux, ils doivent vivre avec les attaques. Ils m'en parlent quand on s'appelle. Ils m'expliquent ce qui vient encore d'être écrit sur mon compte. Après, ils doivent encore sortir, se montrer en rue, aller faire leurs courses, croiser les voisins. Et les gens qu'ils rencontrent leur parlent de ce qu'ils ont lu. Ma mère, mon père et mon frère le vivent mal. C'est la même chose pour ma famille qui vit en Flandre. Mon père vient de là, j'ai encore des oncles et des tantes du côté d'Anvers et dans la région de Termonde notamment. Quand je me fais descendre dans leurs journaux, ils appellent mes parents pour les rassurer : « On est scandalisés. Franz, ne crois surtout pas que ce qui est écrit correspond à l'image qu'on a de Daniel en Flandre. Il passe même très bien. »

Ça me trotte dans la tête. C'est malsain. J'essaie toujours de ne pas en faire une affaire communautaire parce que je sais que c'est dangereux mais je constate que les attaques viennent très souvent du même côté. J'ai l'impression que pour une partie de la presse flamande, c'est devenu un jeu de s'en prendre à Van Buyten. Ils me reprochent peut-être de ne jamais m'exprimer en néerlandais, mais on ne me le demande jamais non plus. Ce n'est pas arrivé une seule fois. Pourtant, je pourrais me débrouiller. J'ai des notions. Quand j'entends parfois certains joueurs flamands parler en français, je me fais la réflexion que je ferais au moins aussi bien qu'eux dans l'autre langue. Il ne faut pas me demander de discuter de philosophie, mais sur le sujet du foot, ça ne me poserait pas de problème ! Je suis aussi bon en néerlandais que certains joueurs étrangers du Bayern qui répondent en allemand, et aussi bon que la plupart des Diables qui sont en Angleterre et essaient de parler anglais... Si des journalistes flamands m'avaient demandé de répondre dans leur langue, ça se serait sans doute mieux passé pour moi. Ça leur aurait fait plaisir de voir que je faisais l'effort. Mais à partir du moment où on ne me le demande pas, je ne peux rien faire.

En 2010, ça explose complètement. Un gars va beaucoup trop loin, je ne peux plus laisser passer, il faut que je réagisse. On perd 0-1 à Bruxelles contre l'Allemagne. Je suis à la base du but, mais déjà, je ne suis pas le seul coupable. Après mon erreur d'appréciation, il y a une succession de fautes, on ne dégage pas, on ne met pas l'adversaire hors-jeu et le gars qui tire a pas mal de réussite aussi. En tout cas, je me sens très mal. Ce n'est que le début de la campagne éliminatoire pour l'EURO, je me doute déjà qu'il nous manquera plus que les deux points qu'on vient de perdre pour se qualifier, mais je suis certain qu'on va me tailler dans les journaux du lendemain. Je passe une nuit blanche, je rumine. Au petit-déjeuner, je ne regarde pas les journaux. Mais des coéquipiers m'expliquent évidemment qu'on parle beaucoup de moi, surtout en Flandre. Ils sont scandalisés. Un titre me rend fou : on me qualifie de traître à la nation. Comme si j'étais un infiltré, comme si je ne méritais même pas d'être belge. Ça n'a plus rien à voir avec le foot. Mes parents m'appellent, ils ont entendu parler de cet article, ils sont en pleurs. Je dis autour de moi qu'il ne faut pas avoir beaucoup de neurones pour écrire des trucs pareils. C'est une attaque gratuite de chez gratuite !

Je discute avec Christophe Henrotay, on pense à publier une lettre ouverte. Mais pas directement parce qu'on rejoue en Turquie quatre jours plus tard, et par respect pour l'équipe, je ne veux pas faire un scandale avant un match. J'en parle avec le staff des Diables, Georges Leekens et Marc Wilmots. Ils sont tout à fait d'accord avec l'idée de la lettre ouverte, ils me demandent seulement pour y jeter un coup d'œil avant que je la publie. Ils prennent aussi le journaliste à part et ils l'engueulent ! La Fédération me propose même de poster mon message sur son site. Je préfère le mettre seulement sur le mien. En Turquie, je marque nos deux buts. Mais on perd 3-2. À cause d'erreurs défensives, mais je me doute qu'elles ne feront pas les gros titres dans la presse du lendemain... Normal, je ne suis pas concerné... Quelques heures après le match, je poste ma lettre. Ça va faire du foin, tous les journaux vont la reprendre. Je lâche ma rage, tout ce que j'ai sur le cœur.

> *« Bonjour,*
> *On a beaucoup parlé de moi dans la presse belge après le match contre l'Allemagne. Je n'ai pas voulu réagir avant la Turquie, par professionnalisme et par respect pour le groupe. Maintenant, je profite de mon site pour exprimer mon ras-le-bol, mon écœurement et ma révolte.*
> *J'ai été victime d'un lynchage médiatique au nord comme au sud du pays. Tout joueur pro, en Belgique, peut malheureusement faire face à ce type de papier. Les journalistes sont là pour faire leur boulot et exprimer leur avis de manière objective, et c'est très bien ainsi. La pression, ça ne me dérange pas, que du contraire ! Là où ça ne va plus, c'est quand ce n'est plus objectif, quand on vous détruit gratuitement, quand on s'acharne sur vous, sans se rendre compte du mal qu'on peut faire à la personne concernée mais aussi, et surtout, à l'entourage de celle-ci.*

> *J'ai lu des choses horribles ces derniers jours. On a sous-entendu que j'étais un traître à la nation (!), des entraîneurs frustrés se sont permis de déclarer que je ne devrais plus jouer pour les Diables, des titres de journaux ont fait le raccourci facile de me faire endosser à moi tout seul la défaite.*
>
> *Je me suis toujours, sans exception aucune, donné à fond pour mon pays. Au moins autant que pour mes clubs. Je mesure l'honneur que j'ai de porter ce maillot et de défendre ses couleurs. Contrairement à certains, j'aime mon pays et je l'aimerai toujours.*
>
> *Bien sûr, la Belgique n'a plus participé depuis trop longtemps à un tournoi international, et ça frustre les gens. Mais transformez cette frustration en autre chose que de la méchanceté et de l'irrespect. En soutien dans la difficulté, par exemple. N'essayez pas de monter les joueurs les uns contre les autres, ça ne marchera pas. Soutenez-nous plutôt, soyez constructifs. Si votre enfant a eu du mal à réussir ces derniers temps, qu'allez-vous faire ? Mettre le doigt sans cesse sur ce qui ne va pas, l'humilier, ou le soutenir dans ses efforts ? Allez-vous être négatif ou positif ?*
>
> *J'aime mon pays mais je ne veux plus continuer dans cette ambiance. Le groupe en veut, plus que jamais, mais à force de nous dire, de me dire, que je suis nul, ma volonté pourrait en être ébranlée. Si la presse continue son lynchage, qu'il me concerne moi ou un autre Diable, c'est une presse qui ne mérite plus d'être lue. N'oubliez pas que nous sommes nous aussi des êtres humains, avec nos sensibilités. J'ai commis des erreurs comme tout le monde en fait. J'ai aussi réussi certaines petites choses, qualifier mon pays pour son dernier grand tournoi par exemple. Tout ce que je demande, c'est un peu de mesure.*
>
> *Je tiens à remercier les personnes qui m'ont soutenu dans cette période difficile. À commencer par ma famille, notre coach, d'anciens coaches et d'innombrables vrais amoureux du foot, au nord comme au sud. Merci aussi pour tous vos messages de soutien envoyés via mon site. Je les ai tous lus et ils me font chaud au cœur.*
>
> *Pour terminer, j'aimerais dédicacer mon premier goal à ma mère, mon père et tous les gens qui m'ont soutenu, et le second à ma femme Céline et notre fille Lou-Ann, toujours présentes dans les moments difficiles. »*
>
> *Daniel Van Buyten*

Les mots sont pesés, je n'ai pas envie que ce soit considéré comme un message agressif, comme une attaque vers les médias. Si je les affronte de face, ils répliqueront, on repartira pour un tour et je n'ai pas besoin de ça… Ce n'est pas innocent quand je dis qu'on m'a lynché au nord comme au sud : je ne veux pas d'une nouvelle guéguerre communautaire autour de moi. Je reçois beaucoup d'échos positifs. Du monde du foot mais aussi d'autres personnes. Il y a même des gens qui font campagne pour que le type qui m'a qualifié de traître soit renvoyé de son journal. On dit que c'est une très mauvaise publicité pour toute la presse. Quand je cite des entraîneurs frustrés, je vise des anciens joueurs qui se sont crus malins en prenant position contre moi. À la limite, ça me fait rire. Ils ont fait une carrière qui n'a rien à voir avec la mienne mais ils veulent qu'on continue à parler d'eux, alors ils choisissent des cibles. J'hallucine aussi quand j'entends certains consultants à la télé : ils parlent comme s'ils ne s'étaient jamais troués quand ils jouaient, et pourtant... Et je trouve utile de rappeler que personne n'arrivera à nous monter les uns contre les autres. Certains essaient, ils viennent nous trouver en disant qu'un coéquipier a dit ceci ou cela. Ils voudraient qu'on réagisse, qu'il y ait une escalade. Leur petit jeu vicieux me dégoûte. Je sais que je prends un risque. Quand je parle d'une presse qui ne mérite plus d'être lue, je suis conscient que ça peut froisser. Si tous les journalistes qui suivent l'équipe nationale prennent mon message pour eux, ils pourraient se mettre tous ensemble contre moi, ne plus me lâcher. Mais tant pis, j'ai foncé parce que ce n'était plus tenable. J'avais besoin de tout sortir, ça m'a fait du bien.

À ce moment-là, je suis sûr de moi : s'il y a encore un clash pareil, j'arrête ma carrière internationale. Je ne peux plus supporter que mes proches souffrent à cause des Diables Rouges. Marc Wilmots m'a dit un jour que son retrait de l'équipe nationale, après la Coupe du Monde aux États-Unis, s'expliquait en partie par la façon dont il avait été traité dans la presse. Il m'a expliqué qu'on avait fini par aller le rechercher et il estime qu'il est revenu plus fort. J'aurais peut-être dû faire la même chose, tout plaquer et dire que je reviendrais le jour où je serais à nouveau bien dans ma tête. Mais quand j'en parlais à mon père, il me raisonnait chaque fois : «Tu es la fierté de la famille, tout le monde est si content quand on te voit avec le maillot des Diables. N'arrête surtout pas. Je comprends que tu souffres, mais mords sur ta chique, fiston ! Fais-le pour nous.»

Avec le recul, je suis fier d'avoir continué. J'ai montré que j'en avais... Je suis passé à travers toutes les attaques. Démolir, c'était facile pour eux. Ils ne s'en sont pas privés mais ils ne m'ont pas eu ! On s'est plus d'une fois amusé à commenter mes erreurs. S'ils veulent qu'on sorte aujourd'hui les feuilles de match, je suis partant... D'abord, je termine ma carrière dans le top 10 des Diables qui ont joué le plus de matches. Je suis le meilleur buteur en activité, pas mal pour un gars qui n'a jamais joué qu'en défense. Et j'ai rapporté beaucoup plus de points que j'en ai coûté. J'ai tous les exemples en tête. En Écosse, alors que je viens d'arriver, mon but vaut un point et c'est super important pour la qualification à la Coupe du Monde 2002. Dans deux autres matches éliminatoires, contre Saint-Marin et l'Arménie, je marque le goal de la victoire. Et je fais gagner les Diables en scorant dans des matches amicaux contre la Slovénie et la Roumanie. Ce serait intéressant d'aller revoir les comptes rendus des journaux. À part l'Écosse qui a fait un gros boum, on n'a pas tellement parlé de mes goals. Par contre, quand je me suis troué, on m'a chaque fois assassiné.

Ma grande satisfaction, ma fierté, c'est de m'en être sorti. D'avoir réussi, en fin de carrière, à faire l'unanimité dans tout le pays, à faire avaler leur crayon à ceux qui n'ont pas cru en moi pendant si longtemps. Ils n'ont plus eu le choix. J'ai fait mes matches, je suis resté un pion important de l'équipe nationale, j'ai continué à accorder des interviews, j'ai respecté tout le monde, j'ai refusé de faire la guerre. Ils ont dû basculer, passer du noir au blanc comme la presse française avait dû le faire avec Aimé Jacquet après la victoire des Bleus en Coupe du Monde. Jacquet s'était fait démolir pendant très longtemps, mais les médias en France auraient évidemment perdu toute leur crédibilité s'ils avaient continué leur jeu après le titre. Donc, ils ont dû se mettre à genoux. Même chose pour moi : qu'est-ce qu'on pouvait encore me reprocher ? Un journaliste flamand m'a fait une confession, il n'y a pas si longtemps : « Pendant plusieurs années, on a probablement plus tapé sur toi que sur les autres. » Je lui ai répondu : « Et pourquoi moi ? » Il n'a pas pu me donner d'explication. C'était un réflexe, c'était comme ça, une habitude qu'ils avaient prise. Quand il a reconnu qu'on m'avait traité injustement, j'ai savouré, à fond. Pendant dix secondes. C'est peu par rapport aux années de supplice.

19
Vie privée

> « Tignasse, chaussettes hautes, manches courtes...
> j'ai essayé d'arrêter »

Quand je deviens pro, je me dis que j'ai besoin d'un signe distinctif, d'une griffe Daniel Van Buyten. Si tu es bon, tu finiras toujours par sortir de la masse, par t'imposer sur le terrain. Mais moi, je veux aussi me démarquer par des trucs qui n'ont pas directement un lien avec le foot. Je réfléchis à des côtés un peu originaux que je pourrais avoir. J'observe plein de joueurs qui crèvent l'écran. Le cuissard sous le short, c'est déjà pris. Le bandeau dans les cheveux aussi. Les bracelets avec des couleurs vives, idem. Je pense alors à un élastique pour tenir mes longs cheveux. En plus, c'est très pratique. Sans ça, ils me tombent dans les yeux. Un peu plus tard, je me décide plus ou moins à les couper. Mais je me rends compte que c'est déjà devenu une de mes marques de fabrique, qu'on me connaît comme ça. Je vois que des supporters se laissent pousser les cheveux pour s'identifier à moi. Donc, je ne peux plus faire marche arrière. Et je ne suis pas sûr d'avoir vraiment envie de changer parce que quand je pense à ma tignasse, je me sens comme un guerrier. Avec le recul, je me dis que ce n'était peut-être pas terrible. Quand je revois des photos et des vidéos, parfois, je rigole de moi ! Mais c'était mon image, je l'ai assumée pendant toute ma carrière.

Il y a aussi de la superstition là-dedans. Chez les jeunes, je prends l'habitude de tirer sur mes chaussettes, de les monter au-dessus des genoux. Je me sens à l'aise comme ça. Puis, un jour, je me décide à arrêter, à faire comme tout le monde. Mais je n'y arrive pas. Dès que je les descends, ça me bloque, j'ai l'impression qu'il me manque quelque chose, je ne me sens pas bien, je n'arrive pas à bien me concentrer. C'est devenu un toc. Thierry Henry fait la même chose mais je ne suis même pas au courant, je ne cherche pas à copier une star ou l'autre. Ça devient aussi une marque de fabrique, un label Van Buyten. Au point que des gens seraient étonnés si je ne le faisais plus. Il y a des signes distinctifs qui deviennent incontournables. Par exemple, Zinédine Zidane, c'est Adidas, point à la ligne. Si tu le vois avec un maillot Nike, ça va choquer. Quand je suis à Hambourg, je monte mes chaussettes bien haut comme je l'ai fait à Charleroi, au Standard, à Marseille, à Manchester. Mais il y a un petit souci : si je ne fais pas un bord comme tout le monde, on ne voit pas les bandes noires et blanches des couleurs de Hambourg. Et pour les dirigeants, c'est indispensable. Ils estiment que l'image du club est en jeu. Alors, ils trouvent une solution avec l'équipementier, ils font fabriquer une centaine de paires spécialement pour moi, un modèle plus haut. Et ils ne me prennent même pas pour un fou parce qu'au point de vue superstitions, ils ont vu bien pire. Ils m'expliquent que chaque joueur peut avoir les petites manies qu'il veut, à condition d'être performant sur le terrain. Moi aussi, j'ai vu pire ! J'ai côtoyé des superstitieux dégueulasses… Il y a une très vieille manie chez les footballeurs qui ont besoin du même repère pour chaque match : le t-shirt ou le slip qu'ils conservent pendant une saison complète, éventuellement sans le laver. Passe encore pour le t-shirt : il sent la transpiration mais ça reste supportable. Le slip, par contre… Il y en a qui sentent à trois mètres. Dans ces cas-là, on peut dire ce qu'on veut au joueur qui a un toc aussi débile, ça ne change rien, il n'écoute personne.

Ma griffe, c'est aussi le maillot à manches courtes. Là, il y a une explication historique et physique… Quand je suis gamin, je suis toujours le plus petit de l'équipe, et quand on porte des manches longues, elles me gênent, le bout me tombe sur les mains, je dois sans arrêt les retrousser. C'est énervant ! Donc, déjà à cette époque-là, je préfère quand on joue avec des manches courtes. Puis, je grandis subitement et j'ai le problème inverse : les manches longues sont systématiquement trop petites pour moi. Je trouve que ça ne ressemble à rien, c'est entre deux, ni court, ni long. Je paie pour ma taille hors normes, aucun maillot à longues manches ne me convient. J'en ai marre de passer pour un Pink Floyd… Il m'arrive de les couper, comme Fabien Barthez. Puis, je décide de passer d'office aux manches courtes, que ce soit avec mon club ou avec les Diables. Encore un toc, mais là aussi, j'en ai besoin pour me sentir bien, pour pouvoir me concentrer comme je le veux.

Le geste du buteur est une autre façon de se faire remarquer, d'être différent des autres, de se fabriquer une image. Quand je suis au Standard, je mets les mains derrière les oreilles quand je marque, ça se fait instinctivement. Je sens que ça plaît, que ça emballe le stade, donc je continue. Là encore, je ne cherche à copier personne, je n'ai pas vu d'autre joueur faire la même chose. Je le fais encore à Marseille et ça prend des proportions énormes, ça me permet d'avoir une communion fantastique avec le public. Ils adorent. J'en remets une couche, je fais passer un message quand je fais ce geste-là : « Je ne vous entends pas. J'ai marqué, putain, vous êtes où ? Lâchez-vous ! Criez ! Encore plus fort. » Les Marseillais deviennent complètement dingues, moi aussi. Comme si j'étais transporté dans un autre monde. Par moments, je célèbre mes buts autrement. Quand ma femme est enceinte ou après la naissance d'un de mes enfants, je mets un pouce en bouche et je cours vers sa tribune. Il m'arrive aussi de faire l'avion. C'est symbolique : je plane, je suis heureux. Ou je laisse exploser ma joie en contractant tous mes muscles et en criant, comme Jean-Michel Saive quand il vient de réussir un beau point. C'est rarement prémédité, je ne pense à rien, c'est mon corps qui décide. Avec Franck Ribéry, on se tape parfois les pieds quand un de nous deux a marqué. On veut montrer notre amitié. Mais le plus drôle, et là c'est préparé, c'est une célébration collective avec le Bayern. Notre gardien, Hans-Jörg Butt, fait semblant d'expédier une balle de golf depuis son rectangle, on est tous au point de corner à vingt ou trente mètres de lui et on secoue la tête de haut en bas comme si on la regardait rebondir. Quand cette balle qui n'existe pas arrive près du coin du terrain, un joueur retire le drapeau, comme si on était sur un green, et la balle imaginaire tombe dans le trou. À ce moment-là, on lève tous les bras en l'air et on fait « Yesssssssss ! » Le stade est écroulé de rire.

« Si ton agent va trop loin, tu finiras par payer »

À l'époque où je commence à me mettre en évidence avec Charleroi, des agents se mettent à tourner autour de moi. Lucien D'Onofrio est le premier homme de ce milieu avec lequel je discute vraiment. Et je comprends directement qu'il est futé, je me dis qu'il n'a pas fait une carrière pareille par hasard. S'il a réussi à travailler avec des joueurs comme Christophe Dugarry et Zinédine Zidane, c'est parce qu'il a quelque chose de spécial, des petits trucs qui font la différence. D'Onofrio n'est plus officiellement agent quand je pars au Standard, il y est devenu dirigeant, mais il a conservé les bons réflexes. Il s'intéresse officiellement à Laurent Wuillot, qui est à Charleroi avec moi. Mais les patrons du Sporting demandent trop d'argent à son goût. Alors, D'Onofrio leur dit : « OK, on vous donne ce que vous demandez mais vous ajoutez Daniel Van Buyten dans le deal. » Je deviens un paquet cadeau dans ce transfert. En fait, D'Onofrio me veut vraiment, autant que Wuillot. Et comme Charleroi ne croit pas trop en moi, ça marche. Il n'est pas mon manager pendant ma période au Standard mais il me conseille. Je remarque qu'il est resté très influent dans le foot européen, je suis attentif à tout ce qu'il me dit.

Dès que je suis international, d'autres agents essaient de m'avoir dans leur écurie. Ils ont souvent le même argument : l'intérêt d'un tout grand club. C'est le Paris Saint-Germain, la Juventus, Benfica,… Mais je comprends assez vite que c'est du vent. Quand Roger et Christophe Henrotay me proposent de travailler avec eux, c'est différent. Le feeling est bon, dès la première rencontre. Et Christophe devient vite un de mes meilleurs amis. Depuis le début, tout est très bien réparti : je peux me concentrer à fond sur le foot, il gère tout ce qui concerne les finances. C'est son domaine, il a été formé là-dedans. Je n'ai plus jamais eu envie d'aller voir ailleurs, malgré tous les autres agents qui ont continué à me draguer. S'il y en a un qui me propose une des meilleures équipes d'Europe, je lui dis de prendre contact avec Christophe, je donne son numéro, et en général, ça ne va pas plus loin… C'est un milieu où beaucoup de gens cherchent à gagner un maximum d'argent en faisant de temps en temps un gros coup, en entubant un confrère s'il le faut. Christophe m'a raconté plusieurs anecdotes, c'est inimaginable. Par exemple, il fait un énorme travail dans l'ombre pour un de ses joueurs, ça dure des semaines ou des mois, il est obligé de négliger sa famille, il doit faire la guerre avec des clubs, mais au moment où le joueur signe son contrat, la commission va dans la poche d'un autre agent subitement sorti de nulle part. C'est un monde très malsain. On le dit souvent, je confirme !

Pendant quelques saisons, j'ai eu un contrat avec Christophe Henrotay. Puis on a arrêté, il n'y a plus rien eu d'officiel, simplement un accord verbal et une relation de confiance. Quand j'ai signé ma dernière prolongation au Bayern, Uli Hoeness m'a parlé de lui. Il a vu défiler des dizaines de managers. Il m'a dit : « Pour nous, Christophe Henrotay, c'est le top. Ça se passe toujours bien avec lui. Il sait jusqu'où il peut aller pour défendre son joueur. Il va loin mais il ne dépasse pas la ligne rouge. » Certains agents vont trop loin, ils veulent toujours plus. Au bout du compte, leur joueur ne reçoit quand même pas ce qu'il a demandé. Soit le Bayern ferme la porte et c'est d'office définitif. Soit la direction prend le joueur mais c'est toujours aux conditions qu'elle a décidées et le gars le paiera un jour, d'une façon ou d'une autre. S'il faut envoyer quelqu'un à une fête, une foire, une inauguration de fan-shop ou une soirée de supporters, c'est le premier que le club va désigner.

> « L'argent dans un vestiaire, c'est tabou, méfiance, jalousie »

J'ai attendu longtemps avant de m'offrir mes premières vacances en dehors de la Belgique. Je gagne déjà très bien ma vie mais je n'ai pas du tout envie de dépenser de l'argent pour ça ! C'est toujours mon éducation qui parle. J'ai grandi dans un milieu où chaque sou comptait, donc je fais attention à tout. J'ai une obsession : « Je ne sais pas combien de temps ma carrière va durer, elle peut s'arrêter demain. » Mon entourage me conseille de partir pour déconnecter entre deux saisons, j'ai toujours la même réponse : « Les vacances, pour moi, c'est passer du bon temps à Froidchapelle ou dans la famille à Charleroi. Je suis heureux comme ça. Vous perdez votre temps, ça ne sert à rien d'insister. » Mon père et Christophe poussent pour que j'essaie, que je parte. Ils voient que je ne coupe pas tout à fait, que j'ai toujours le foot en tête, et donc que je ne suis pas bien reposé mentalement quand les entraînements reprennent. Ils ont raison. Mais moi, je ne m'en rends pas compte.

Finalement, j'accepte de partir. Christophe me rassure : « Laisse-moi m'occuper de tout. On ne va pas t'effrayer. Comme c'est tout nouveau pour toi, on ne va pas t'envoyer trop loin et tu ne vas pas te ruiner. » Il réserve un hôtel à Ténériffe. Avec ma femme, mes parents et mon frère, on fait un séjour magnifique. Je fais des parties de pêche avec mon père, on est aux anges. Et quand je retourne dans mon club, j'ai l'impression de ne jamais avoir été aussi prêt. Je suis au taquet et je fais une super préparation. Pour la première fois, j'ai réussi à oublier le foot pendant quelques semaines. Après ça, je le refais chaque année : en Grèce, en Turquie, en Martinique,… C'est devenu un besoin.

À côté de ça, je suis resté très prudent avec ce que je gagnais. Je n'ai jamais fait de folies. Je veux que mon argent fructifie. À l'époque où beaucoup de footballeurs se mettent à parler de la bourse et à y investir, je me dis que ça peut être une bonne idée. J'essaie. Trois mois plus tard, la bourse s'effondre. Je ne gagne rien mais je ne perds pas grand-chose. Je m'en sors bien parce que beaucoup de sportifs y ont laissé une fortune. Je suis passé tout près, je suis assez content de moi… Mais à partir de ce moment-là, les investissements à risques, c'est définitivement terminé. Je veux de la sécurité et je me braque plutôt sur l'immobilier. Je pourrais parler pendant des heures d'anciens coéquipiers qui ont complètement dérapé, pendant leur carrière ou après avoir arrêté. Dans le jeu par exemple. Si tu flambes quand tu joues encore, ce n'est pas trop grave parce que ton salaire continue à tomber chaque mois. Par contre, si tu claques après ta carrière, ça ne rentre plus et ça peut être le drame. Il faut être capable de revoir son rythme de vie mais tout le monde ne le comprend pas. J'ai vu aussi des gars qui ont été arnaqués et ont tout perdu. Parce qu'il n'y a pas que les agents qui tournent autour des footballeurs. Il y a aussi les soi-disant conseillers. Ils te mettent en confiance puis ils te ruinent. Des coéquipiers qui avaient gagné une fortune se sont retrouvés presque à la rue. J'ai vu un reportage où on expliquait que trois sportifs de haut niveau sur dix perdent tout ce qu'ils ont gagné. C'est une estimation, c'est difficile d'avoir des chiffres précis et fiables. Ça ne m'étonne pas : pendant toute ma carrière, j'ai été frappé de voir à quel point l'argent restait un sujet tabou dans les vestiaires. Un joueur a une idée du salaire de ses coéquipiers mais il n'est sûr de rien parce que personne ne se dévoile. Il y a toujours de la méfiance. Et beaucoup de jalousie aussi.

« Mes clips avec Obispo et Stromae, ma rencontre avec Jamel Debouzze, mon sprint avec Bolt, ma proposition à Di Rupo »

J'ai été sollicité pour plusieurs campagnes de pub, j'ai chaque fois joué le jeu et ça me laisse des souvenirs sympas. Il y a eu la campagne pour les matériaux de construction Big Mat qui a été diffusée pendant un long moment à la RTBF, juste avant les résumés de D1 du samedi soir et Le Week-End Sportif du dimanche. Big Mat cherchait un joueur avec une image de battant. Dans ce spot d'une vingtaine de secondes, j'apparais torse nu dans un vestiaire, avec un essuie autour de la taille. Et je récite : « On m'appelle Big Dan. J'ai mérité ce surnom sur le terrain. Je ne lâche jamais. Mon engagement : faire gagner. Comme Big Mat. » Et la conclusion : « Être Big, ça se mérite tous les jours. » Je suis au Bayern à l'époque où cette campagne passe et je reçois beaucoup d'échos. Je fais aussi de la pub pour les magasins de jouets Broze. Ils font fabriquer des ballons très colorés avec ma photo imprimée à plusieurs endroits. Ils les distribuent dans leurs points de vente et je participe aussi à quelques soirées où je signe sur les ballons, comme au Sljivo, le tournoi de foot en salle à Marche-en-Famenne. Via l'Union Belge, j'apparais dans une campagne pour BMW. On me propose aussi de faire de la pub pour des abris de piscine. Ça va dans tous les sens. Et en Allemagne, le Bayern nous demande de participer à quelques actions. Une fois pour Deutsche Telekom, un des plus gros sponsors du club. Une autre fois pour une firme de paris en ligne. Plusieurs joueurs tournent dans un clip autour d'une table de poker et on nous dit de faire des jeux de mots qui rapprochent le poker du foot : « Je vais t'attaquer. Tu n'as aucune chance de me passer avec le jeu que j'ai. Tactiquement, je suis au-dessus du lot. » Ça fait beaucoup de bruit.

Le clip de l'hymne officiel des Diables Rouges pour la Coupe du Monde au Brésil, la chanson de Stromae, ce n'est pas une première pour moi... En 2002, je participe déjà à un très gros truc. Je joue à Marseille et je suis contacté par la maison de disques et les producteurs de Pascal Obispo. Ils veulent rassembler des footballeurs très connus d'un maximum de pays pour faire un CD dont les bénéfices seront versés à la lutte contre le sida. Au moment où ils lancent le projet, ils n'imaginent pas le succès que ça va donner. Ils arrivent à réunir plus de 40 joueurs pour l'enregistrement dans un studio à Paris. Et ils ont le top du top ! Fabien Barthez, Laurent Blanc, Zinédine Zidane, Didier Deschamps, Marcel Desailly, Claude Makélélé, Thierry Henry, Franck Leboeuf, Bixente Lizarazu, Willy Sagnol, Lilian Thuram, Youri Djorkaeff, Patrick Vieira, Emmanuel Petit, Robert Pirès, Sol Campbell, Fabio Cannavaro, Roberto Carlos, Luis Figo, Patrick M'Boma, Ronaldinho, Roque Santa Cruz, Mehmet Scholl, Hakan Sükür, Francesco Totti, Juan Veron ! Je me retrouve en studio avec Obispo, Youssou N'Dour, toutes les stars de la France championne du monde et championne d'Europe, et pour ainsi dire le plus grand nom de plusieurs autres équipes nationales. La chanson a comme titre « Live for love united ». Le décor est impressionnant, avec les micros comme les vedettes de la chanson, les murs insonorisés, des grosses machines. On porte un t-shirt blanc moulant avec le logo de l'association de lutte contre le sida, le petit ruban rouge. On doit dire une ou deux phrases et on reprend le refrain tous ensemble. La chanson fait un carton en France et dans d'autres pays. Plus tard, je retrouve plusieurs de ces joueurs pour des jubilés ou des matches de charité : à Marseille, à Barcelone, à Düsseldorf,...

Marseille est une ville incontournable pour les grandes rencontres ! J'y vois de temps en temps Zidane. Quand un nouveau magasin Adidas est inauguré dans la région, on choisit deux ambassadeurs : Zidane parce qu'il vient de là, et moi parce qu'ils estiment que je suis un symbole de l'OM. Toujours à Marseille, je fais la connaissance de Jamel Debouzze et il me demande si je peux me déplacer à Marrakech et participer à son spectacle... Je suis partant mais ça ne se fait pas, pour une question d'agendas. Toujours via le club, je me retrouve dans la loge de Jenifer le soir d'un de ses concerts ! Et Christophe Henrotay m'aide à avoir accès aux paddocks le week-end du Grand Prix de Formule 1 à Monaco, j'ai l'occasion de parler à des pilotes. Des grands moments parce que j'ai toujours été passionné par le sport automobile. J'ai d'ailleurs été à deux doigts de faire une pub avec Robert Kubica, le pilote polonais qui était en F1. On a une connaissance commune. On s'est rencontrés pour en discuter mais il a eu son grave accident en rallye quelques jours plus tard et le projet est tombé à l'eau.

Quand je suis au Bayern, tout devient encore plus facile qu'à Marseille. Le rayonnement du club est tellement énorme qu'on est susceptible à tout moment de croiser des vedettes mondiales, au stade ou même au centre d'entraînement. L'Allianz, c'est un peu *the place to be* pour le beau monde... Il y a des habitués, des personnalités qu'on voit régulièrement. Chaque fois qu'on fête un titre, ça pullule. Par exemple le boxeur ukrainien Wladimir Klitschko, le frère de celui qui a arrêté de boxer pour se lancer en politique. Il combat beaucoup en Allemagne et c'est un vrai fan du Bayern. Un jour, on a la surprise de tomber sur Usain Bolt en arrivant à l'entraînement. Il vient pour consulter notre médecin, Hans-Wilhelm Müller-Wohlfahrt. C'est Louis van Gaal qui nous entraîne et il amène Bolt sur le terrain. On a déjà lu qu'il se débrouillait très bien avec un ballon, on dit que c'est un grand supporter de Manchester United et même qu'il aurait pu faire carrière dans le foot. Bolt nous en parle. Il nous explique à quel moment, et pourquoi il a basculé du football vers l'athlétisme. Puis, il prend un ballon et commence à faire quelques figures. C'est impressionnant. Il a une patte gauche terrible. Il nous scotche. Après ça, il propose de faire quelques sprints sur la pelouse avec les joueurs qui sont intéressés. Je ne rate pas l'occasion. Les joueurs sont en godasses, lui en baskets. On démarre calmement, puis quand il accélère, on se regarde tous, on n'y croit pas. Un félin, une gazelle. Il est pourtant en pleine rééducation. Il y a un autre champion, d'une discipline qui n'a rien à voir, que j'aurais bien aimé déplacer au Bayern : Nicolas Colsaerts. Je joue parfois au golf mais je ne suis pas vraiment accro. Par contre, plusieurs joueurs du noyau en sont dingues, notamment Manuel Neuer, Philipp Lahm et

Thomas Müller. J'aurais voulu que Colsaerts leur fasse une petite démonstration. Mais ça ne s'est jamais arrangé.

Les politiciens aiment bien se montrer avec les équipes qui gagnent… Ça ne plaît pas à tout le monde mais moi, ça ne me dérange pas. Je considère simplement que ça fait partie du jeu, que c'est une facette de leur métier. Tant pis si on les voit beaucoup moins quand l'équipe ne tourne pas ! Angela Merkel assiste parfois à des matches du Bayern, notamment la finale de la Coupe d'Allemagne. Je l'ai rencontrée quelques fois. Pendant les stages d'hiver dans le Golfe, les émirs et les cheiks adorent poser avec les joueurs du Bayern, c'est bon pour leur prestige et leurs archives. Avec l'équipe nationale, il nous arrive de rencontrer notre famille royale. Là, c'est très officiel, ça se limite à une poignée de mains juste avant le match et on n'a pas l'occasion de parler. On sent qu'on est en plein dans le protocole pour eux. Et chez nous, c'est la concentration totale. C'est beaucoup plus relax avec les hommes politiques. Quand on rentre de Croatie, après la qualification pour la Coupe du Monde, je suis assis devant Elio Di Rupo dans l'avion. Il est cool comme n'importe quel supporter. Tout à coup, je me lève, je me retourne, je prends la parole, bien haut : « J'ai un message à faire. Monsieur Di Rupo vient de m'annoncer que les Belges ne paieront pas d'impôts cette année. C'est le remerciement du gouvernement pour la qualification. » Fou rire général. Et tout le monde commence à chanter : « Merci Elio, merci Elio… » Ce jour-là, il prend mon adresse mail, et quelques semaines plus tard, je reçois une invitation à une fête qu'il organise, où il reçoit d'autres sportifs. Je suppose que, tôt ou tard, j'aurai des offres pour entrer en politique. Il y a probablement des partis qui chercheront à profiter de ma popularité. Je ne pense pas que je ferais le pas. J'ai l'impression que c'est un monde où je ne me sentirais pas trop à l'aise. Je vois ma reconversion dans le foot. Je pourrais travailler comme agent. Ou passer mes diplômes d'entraîneur. Ou m'installer dans un club. Ou à la télé. Chez BeTv, on me dit depuis longtemps que je peux aller chez eux dès que je le souhaite. Ils me disent que je suis un des premiers joueurs belges qu'ils ont suivi à l'étranger, qu'ils apprécient la façon dont j'analyse les matches. Canal + France m'a aussi demandé si j'étais intéressé par une collaboration.

> « Je dois avoir pris cinq cents fois l'avion, j'ai côtoyé
> le plus grand luxe et vu la pire misère »

À vingt ans, je n'ai encore jamais pris l'avion. Mon frère a déjà fait quelques vols et je l'envie, je lui pose des questions. Je voudrais tellement essayer. Je fais enfin mon baptême de l'air pour un déplacement en Estonie avec les Espoirs. Entre-temps, j'ai peut-être fait cinq cents vols ! Depuis que je ne joue plus en Belgique, l'avion est une deuxième maison. Pour un joueur du Bayern, il n'y a que deux ou trois déplacements en championnat qui se font en car. Tout le reste, ce sont des vols. Il faut y ajouter les matches de Coupe d'Allemagne et de Ligue des Champions, les tournées publicitaires et les retours fréquents au pays pour les internationaux. Quand je rentre en Belgique pour les Diables, je redécolle une fois sur deux pour aller jouer dans un autre pays… Sur une saison, c'est donc énorme. Un jour, ma mère prend mon passeport et commence à le feuilleter. Je l'entends encore : « Ho, tu as vu la Chine ? Je ne le savais même pas. Quelle chance ! Oh, le Kazakhstan aussi. Ça doit être dépaysant. » Une chance, si on peut dire… Dépaysant, oui… J'ai vu des pays magnifiques mais il y en a aussi plusieurs où j'aurais préféré ne jamais mettre les pieds. Quand on reste dans cette partie-ci de l'Europe, on sait plus ou moins à quoi s'attendre. Mais ailleurs, ça peut être plein de surprises. Bonnes ou pas. Pêle-mêle, j'ai vu l'Estonie, la Russie, le Kazakhstan, l'Arménie, l'Azerbaïdjan, la Biélorussie, Israël, l'Algérie, le Maroc, le Qatar, Dubaï, le Koweït, le Japon, Hong-Kong, l'Inde, la Chine,… Mais jamais les États-Unis et c'est un regret parce qu'ils me fascinent depuis toujours. Je les ai ratés de peu, trois fois. Quand on fait une tournée avec le Bayern, il est prévu qu'on joue un match au Japon, puis on doit enchaîner avec un court séjour aux USA. Mais je ne fais que le Japon parce que je dois rentrer en Europe avant les autres pour me faire opérer des dents de sagesse. En 2013, les Diables font un stage aux États-Unis mais je ne peux pas y aller parce qu'on prépare la finale de Ligue des Champions. Un peu plus tard, Marc Wilmots prévoit qu'on y passera quelques jours pendant la préparation de la Coupe du Monde. Mais après le tirage au sort, il modifie le programme parce qu'on va jouer au Brésil dans des conditions assez normales, pas sous une chaleur torride. Et donc, pour lui, ce n'est plus nécessaire d'aller se préparer en Amérique. C'est remplacé par un séjour en Suède. Moins exotique !

En faisant le tour du monde, j'ai vu le pire de la pauvreté dans certains pays. Je suis surtout marqué par l'Inde. Sans doute le plus pauvre de tous ceux que j'ai vus. Je suis frappé par les gosses qui dorment au bord de la route, sur la terre, enroulés dans des tapis déchirés. Certains ont la tête dans le caniveau, on les frôle. Tous les dix ou vingt mètres, un type est allongé. On se demande si certains ne sont pas morts. Ils ont sûrement des maladies, peut-être des puces ou d'autres bestioles qui leur courent sur le corps. Mais ça ne fait réagir personne. Ni les gens qui passent en voiture ou en bus, ni ceux qui sont à pied. Personne ne s'arrête. Pour eux, c'est le quotidien, la routine. Quand on traverse des quartiers pareils, il n'y a pas un bruit dans notre bus. On ne fait pas les malins ! Je ne dis pas que tous les joueurs sont gênés ou mal à l'aise, mais tout le monde réfléchit, c'est sûr. Ça ramène les pieds sur terre.

À côté de ça, j'ai vu le plus grand luxe, des hôtels incroyables, des gens qui ne savent pas comment dépenser leur argent. C'est une spécialité de pays comme le Qatar, le Koweït ou Dubaï, où le Bayern a ses habitudes. Là-bas, c'est la frime à fond. À Dubaï, on sympathise avec le bras droit d'un cheik. Il nous dit : « Vous savez que le cheik a son propre zoo, chez lui ? Si vous avez envie d'aller le visiter, je lui en parle. » J'y vais avec Franck Ribéry, Miroslav Klose et Luca Toni. Le type a tout : des singes, des lions, des panthères, des lynx. Je prends un lionceau dans les bras, c'est comme un gros chat. Tout à coup, Ribéry et les autres hurlent : « Daniel, viens ! » Ils se sont mis à l'abri dans une maisonnette. Je comprends quand je me retourne : un léopard s'est échappé de son enclos et il est à deux mètres de moi, en position d'attaque. Tout le monde est terrorisé, Ribéry ne sait plus où il est… Je vois que les gars de la sécurité paniquent aussi. Ils me disent de ne pas bouger. Ils appellent un dresseur. Je ne sais pas ce que le léopard veut : le lionceau ou moi ? Ne pas bouger, c'est impossible, j'ai trop peur de me faire bouffer. Je préfère encore aller au combat. J'hésite à lui lancer le lionceau, il a peut-être faim, mais ça risque aussi de l'exciter… Finalement, j'avance tout doucement vers l'enclos où Ribéry et les autres se sont réfugiés. Le léopard ne réagit pas. Et quand je suis à trois mètres de la porte, je pique le sprint de ma vie, je me débarrasse du petit lion et je renverse tout le monde sur mon passage en entrant. J'ai encore des frissons quand je le raconte.

« Hoeness m'invite à un barbecue pour mettre en route le transfert de Ribéry »

On peut avoir des amis dans le foot ! Malgré tout ce qu'on dit… Même des gars qui ont une image pas trop positive. Wayne Rooney, par exemple. Il a un visage dur, austère, on le prend pour un type très froid qui vit dans son monde. C'est tout le contraire. Humainement, c'est le top. Chaque fois qu'on se rencontre, il est chaleureux. Pourtant, il aurait toutes les raisons de ne pas l'être parce que je joue en général sur lui quand le Bayern rencontre Manchester United et je ne l'épargne pas. Simplement, il comprend que ça fait partie du jeu, il accepte les duels. Même chose pour Samuel Eto'o. C'est un tueur, mais une crème quand on discute avant ou après le match. J'ai aussi des très bons souvenirs de Ronaldinho. Un jour, avec le Bayern, on va jouer un match de gala à Barcelone qui présente son nouveau noyau. Il est considéré comme le meilleur joueur du monde, le Nou Camp est bourré et les gens sont fous de lui. Même les vedettes du Bayern le regardent avec envie. Je l'ai affronté quelques fois quand j'étais à Marseille, et lui au PSG. Je l'ai parfois un peu matraqué. Mais dans ces matches en France, on n'a jamais eu vraiment l'occasion de discuter. C'était trop délicat, vu la rivalité entre les deux clubs. Là, à Barcelone, pendant l'échauffement, il fait un signe de la main dans ma direction. Je lui réponds, je fais aussi un petit signe. Puis je me rends compte qu'il y a près de moi Claudio Pizarro et Roque Santa Cruz. J'ai la gêne : Ronaldinho a sûrement fait signe aux joueurs sud-américains, pas à moi ! J'espère seulement que personne n'a vu mon geste… Je me parle : « Bouffon va ! » Deux minutes plus tard, Ronaldinho vient vers nous. Je m'attends à ce qu'il vienne faire la causette avec mes coéquipiers, je m'écarte même un peu. Mais non… Il vient droit vers moi pour me serrer la main. Il ne s'occupe pas des autres ! Il est chaleureux : « Tu vas bien mon ami ? Tu te souviens de moi ? » Évidemment… Il continue : « Tu te souviens des PSG – OM ? C'était chaud, hein ! C'était le top, je trouve. Il n'y avait pas beaucoup de stress. C'est bien pire ici. »

Quand je retrouve les Diables, je passe toujours du temps avec Kevin Mirallas. On a un lien très fort, on part en vacances ensemble. Il travaille aussi avec Christophe Henrotay, et au moment où il est sélectionné pour la première fois, Christophe me demande un service : « Un petit jeune va arriver. Tu sais comment ça se passe quand on débarque dans un groupe où on ne connaît personne. C'est parfois compliqué. Mets-le à l'aise. » Notre amitié démarre comme ça.

Je vis la même histoire au Bayern avec Franck Ribéry. Là aussi, on devient potes parce que je fais tout ce que je peux pour l'intégrer, à la demande de la direction. Ça démarre en fait près d'un an avant son transfert. En 2006, je viens d'arriver au Bayern. Je ne connais pas grand monde dans le club. Uli Hoeness m'appelle dans son bureau : « Tu as prévu quelque chose ce week-end ? » Je ne sais pas du tout ce qu'il me veut. Je cherche mes mots… « Même si j'ai prévu quelque chose, pour vous, je peux me libérer. » C'est le patron du Bayern, quand même… Il m'invite chez lui, il me dit que sa femme voudrait rencontrer la mienne, pour l'aider éventuellement à s'intégrer, à découvrir Munich. Il ajoute qu'il doit me parler d'un truc assez sérieux. On se pointe chez lui, il a préparé le barbecue. Les femmes discutent de tout et de rien, et nous, on parle directement de foot. Il me demande ce que je pense de Franck Ribéry. Il voudrait que je me renseigne à Marseille. J'ai quitté l'OM depuis deux ans mais je regarde encore tous ses matches. Je réponds à Hoeness : « Si un joueur du championnat de France peut nous apporter quelque chose, c'est lui. Je ne le connais pas personnellement mais j'ai encore des contacts à Marseille et tous les échos sur Ribéry sont positifs. On me dit qu'il s'entraîne comme un malade, qu'il ne carotte jamais. » Je suis sûr qu'avec sa technique exceptionnelle, il pourrait faire un carton en Bundesliga. On discute de lui pendant plus d'une heure, Hoeness semble encore plus convaincu. En fin de saison, il revient vers moi, me fait un clin d'œil, lève le pouce et me lance discrètement : « C'est bon, Ribéry va venir. » Ce n'est pas encore officiel, je suis une des premières personnes au courant du transfert.

Quand Franck Ribéry arrive, je découvre un gars très ouvert. Sa femme n'est pas enchantée, elle s'imaginait plutôt à Madrid. Elle a le blues. Je peux la comprendre, j'ai connu la même chose ! Tu quittes Marseille, le soleil, un mode de vie, l'insouciance, l'accent qui chante, et tu atterris en Allemagne où on parle une langue plutôt hostile pour celui qui ne la comprend pas… Le premier contact est très bon. Entre sa femme et la mienne, entre Ribéry et moi. J'ai toujours un décodeur pour les matches de Ligue 1 et il vient les voir chez moi. Si on joue le samedi, on se retrouve le dimanche pour une bouffe ! On commande des pizzas, il vient parfois avec des cousins. Le club s'assure de temps en temps que je continue à l'assister dans son intégration. Hoeness est fort attentif : « Crois-moi, le club t'en sera reconnaissant. » On a aussi des points communs, ça facilite sans doute notre entente. Il a grandi dans un milieu modeste, lui aussi. Il m'explique que les fins de mois étaient parfois compliquées. Et finalement, on vient un peu de la même région. Froidchapelle – Boulogne-sur-Mer, c'est à peine 250 bornes. Il me parle en ch'ti, je lui réponds en wallon, ça se ressemble et on se comprend. Quand il me dit « ça va d'aller », quand je lui dis « on va mougni », des étrangers du Bayern qui connaissent un peu le français nous demandent de répéter parce qu'ils n'ont pas compris. On rigole…

Je côtoie le Ribéry qui se fait démolir dans la presse française au moment de ses soucis avec la justice. Il essaie de rester digne en public mais il est anéanti en privé ! On a des discussions très touchantes, il me demande ce que je ferais à sa place. J'apprends que quand il reste chez lui, il est complètement fermé, dans son coin, il se morfond. Je l'invite à faire des sorties avec les femmes et les enfants, ça lui permet de se changer les idées.

« À mon ami Daniel : le chouette colis que Beckham m'envoie à Munich »

Les échanges de maillots, c'est un dada pour beaucoup de footballeurs. Ça peut même provoquer des tensions dans un vestiaire. Pas au Bayern parce que tu sais que si tu ne reçois pas le maillot d'un grand nom du Real, du Barça ou de Manchester, tu as encore une bonne chance de les croiser la saison suivante. Normal puisque ce sont souvent les mêmes clubs qui vont loin en Ligue des Champions. Par contre, si tu te doutes que tu ne joueras peut-être plus jamais contre ces gars-là, tu fais tout pour faire l'échange avec eux à la première occasion. En général, on fait le point entre coéquipiers à la réception d'après-match. Chacun parle du maillot qu'il a reçu. Et parfois, on se rend compte que quatre ou cinq joueurs ont eu celui d'un crack ! Le magasinier de son équipe a emporté une petite collection pour faire plaisir à un maximum de monde. Dans ce cas-là, tu frimes un peu si tu montres que tu as le maillot qui a servi le soir même. Tu peux le prouver : il est trempé…

Il n'y a pas de règle pour demander le maillot d'un adversaire. Ça peut se faire à l'échauffement, dans le tunnel des vestiaires avant le match, à la mi-temps, au coup de sifflet final ou éventuellement après le match. Il m'arrive d'aller frapper à la porte du vestiaire si je n'ai pas pensé à un échange quand on était encore sur le terrain. J'ai une fameuse collection. Des gars du Bayern : Oliver Kahn, Manuel Neuer, Franck Ribéry. Aussi Frank Leboeuf, Zlatan Ibrahimovic, Marco Materazzi, Zinédine Zidane, Ronaldinho, Kaka, Cristiano

Ronaldo, Lionel Messi, Samuel Eto'o, Fabio Cannavaro, Alessandro Nesta, Edwin van der Sar. Et il y a quelques chouettes anecdotes. Après un match avec le Bayern contre le Real, je demande le maillot de David Beckham. Il me dit qu'il l'a promis à quelqu'un d'autre et qu'il m'en enverra un à Munich. Je n'y crois pas trop et je me console : j'ai quand même reçu celui de Raul, c'est bien aussi… Mais quelques jours plus tard, on me remet un colis au club. Un maillot de Beckham, il l'a dédicacé : «À mon ami Daniel.»

C'est marrant aussi le jour où j'échange avec Marcel Desailly. Je suis à Marseille, on joue un match de charité à Nîmes. Je lui demande son maillot. Après le match, je vais le revoir, il me répond qu'il est désolé, qu'il vient de le donner à quelqu'un d'autre. Quelques minutes plus tard, j'entends : «Hé, Van Bouitène…» Je me retourne, c'est Desailly. «Tu veux toujours mon maillot?» Je le snobe : «Non, c'est bon, tu peux le garder. Pas besoin.» Et je pars. Frank Leboeuf est écroulé. Il a un rire particulier, assez bruyant, on l'entend à trente mètres. Évidemment, je fais vite demi-tour, je retourne vers Desailly, je lui dis que c'est mon humour de jeune Belge ! Il m'avoue qu'on ne lui avait jamais fait ça et que ça l'a un peu perturbé ! Et il y a un autre échange qui m'a marqué, avant un match contre Milan. J'aborde Paolo Maldini et je lui explique qu'il est l'idole de ma jeunesse : «Je n'étais nulle part, et pour moi, tu étais sur une autre planète.» Il me tape sur l'épaule et me dit : «Pas de souci, il est pour toi.»

Tous ces maillots prestigieux, je vais les exposer dans ma future maison. Je prévois une grande pièce, je veux que ça sente le foot. J'imagine déjà : chaque fois que je passerai la porte, c'est toute ma carrière qui défilera. J'ai conservé une tenue de chaque club où j'ai joué et certains maillots importants que j'ai portés dans des moments clés. Par exemple celui du Bayern que j'avais le soir où j'ai marqué deux buts sur le terrain de Milan. Celui de Marseille que je portais dans le match où j'ai mis le but de la victoire contre le PSG. Et quelques autres. À l'intérieur du col, j'ai noté l'adversaire, la date et ce que j'ai fait de particulier dans ce match. J'ai aussi pris quelques ballons qui ont servi dans des moments importants, pas seulement celui de notre victoire en Ligue des Champions contre Dortmund. Et dans cette pièce, il y aura mes petits péchés mignons, mes caprices, mes rares petites folies. Je n'ai jamais dépensé pour le plaisir mais j'ai fait fabriquer une réplique de tous les trophées que j'ai gagnés. Ce n'est pas donné, il faut compter entre 10 000 et 15 000 euros par pièce. C'est fait main, par la société qui réalise la vraie coupe ou la vraie assiette. Ça fait le même poids, la même taille, ce sont les mêmes matériaux, c'est une reproduction parfaitement fidèle. J'ai la grande assiette qui est remise au club champion de Bundesliga, une Coupe d'Allemagne, la Supercoupe, la Coupe du Monde des clubs. Et évidemment la Ligue des Champions.

> « Ne pas avoir fait une carrière d'attaquant, c'est mon plus grand regret »

J'ai dit plusieurs fois, dans des interviews, que je donnerais tous mes trophées pour une carrière d'attaquant. Ce n'est pas du bluff. Je regretterai toujours de ne pas avoir joué devant. C'est dans ce rôle-là que j'ai été formé, j'étais intenable dans les équipes d'âge. Je suis sûr que j'aurais pu faire un tout gros parcours comme attaquant. Quand je pense à un gars comme Jan Köller, je me dis que je n'avais pas grand-chose à lui envier. J'avais la taille, le timing, le sens du but. Mais je n'ai pas eu une seule fois l'occasion de le prouver pendant un match complet chez les pros. Pourtant, j'ai souvent essayé… Avec certains entraîneurs, j'ai été très insistant. J'espérais qu'ils finiraient par craquer. Je me revois faire le forcing en équipe nationale, du temps d'Aimé Anthuenis. C'est un match contre la Serbie à Bruxelles. Il n'y a rien qui va, le niveau est catastrophique, je suis sur le banc. À la mi-temps, je vais trouver Eddy Snelders, son adjoint. Je lui dis : « Essaie de persuader le coach qu'il doit me faire entrer et me mettre devant. Je suis certain de marquer. » Encore une fois, ça ne marche pas et je ne monte même pas sur le terrain. On perd ce match en ne montrant rien, je suis dégoûté, j'ai l'impression d'être revenu de Hambourg pour rien. On m'a collé une étiquette de défenseur quand j'étais au Standard et aucun entraîneur ne veut me voir comme attaquant. Personne n'ose. Peut-être parce qu'ils ont peur des commentaires, des critiques. Peur qu'on les prenne pour des fous ! Il y a des moments où j'ai la rage. Je vois que mon équipe n'arrive pas à marquer et je sais que je pourrais l'aider, mais on ne croit pas en moi et ça me frustre.

Je dois me contenter de monter de temps en temps en fin de match, quand il faut absolument marquer pour égaliser ou pour gagner. Ça arrive à Marseille et ça continue à Hambourg puis au Bayern. C'est une petite consolation. Louis van Gaal est sans doute le coach qui me fait le plus confiance pour ça. On a un code, c'est bien huilé. Je regarde vers le banc, il me fait un signe précis de la main si je peux y aller. Il demande alors aux ailiers de balancer des centres en cherchant ma tête. Idem sur les phases arrêtées, je dois être la cible. En deux ans avec Van Gaal au Bayern, je marque une petite quinzaine de goals. Presque toujours de la même façon : sur des centres, des coups francs ou des corners. Chaque fois, je retrouve mes sensations de buteur, mes sensations de jeune, ça me fait un bien fou. Il y a un match qui m'a particulièrement marqué. En 2009. On reçoit Francfort en championnat et on est dans une période creuse. À la sixième place du classement, il y a le feu. À cinq minutes de la fin, c'est 1-1. Van Gaal décide de sortir notre attaquant de pointe, Luca Toni. C'est l'attaquant vedette du Bayern ! Il le remplace par un pur défenseur, Martin Demichelis. Et il me dit de m'installer devant, de prendre la place de Toni. Il y a 70 000 personnes dans le stade, personne ne comprend. Les gens sifflent, ça fait un boucan infernal. Si on ne gagne pas, Van Gaal se fait démolir dans la presse le lendemain. Ou peut-être qu'on le vire carrément. Deux minutes après le changement, Philipp Lahm centre de la droite, Thomas Müller dévie au point de penalty, je reprends de la tête, but. Les supporters deviennent fous et Van Gaal fait alors son show. Il chambre le public, tape sur le toit du banc et fait une mimique vers la tribune, comme s'il voulait faire passer son message : « Qu'est-ce que je vous avais dit ? » Arrogant, à la hollandaise ! Quand il fait ça, je suis encore au sol, avec une bonne partie de mes coéquipiers sur moi.

Comme les autres, Pep Guardiola me voit comme un pur défenseur. Il n'a jamais entendu parler de mon passé d'attaquant quand il arrive. Plusieurs fois, quand on fait des séances de centres à l'entraînement, il me fait remarquer que je suis le joueur le plus efficace devant le but. Il est étonné. Au début, je souris simplement. Puis un jour, je lui réponds : « Mais vous savez, coach, j'ai été attaquant jusqu'à vingt ans. » Il appelle son adjoint : « C'est bien ce que je te disais.

Daniel a toutes les qualités pour jouer devant.» Je lui lâche alors : «Vous pouvez toujours me taper en attaque, pas de problème. Je ne demande que ça.» Mais il n'est pas plus facile à convaincre que tous les autres… En plus, il a toujours aimé travailler avec des attaquants de petite taille qui partent dans les espaces. Ce n'est pas un hasard si Mario Mandzukic a du mal à s'imposer avec lui. Parfois, quand je réussis une belle frappe ou une reprise de volée, Guardiola me dit en souriant : «Ça y est, le buteur est de retour.» Venant de lui, ça fait plaisir. Mais ça ne me suffit pas ! Je ne vais pas me plaindre de ma carrière… Mais je reste convaincu que j'aurais pu faire aussi bien si j'avais été attaquant, ou même médian. Je me reconnais dans Marouane Fellaini qui combine un gros travail défensif et l'efficacité offensive. Avec sa grande carcasse, il s'impose dans l'entrejeu. J'aurais pu le faire aussi. Le grand regret de ma carrière, il est là. Je n'étais pas fait pour être défenseur.

_ Annexe 1
Mes entraîneurs, leur palmarès

Voyez plutôt...

Charleroi

▶ **ROBERT WASEIGE**

Coupe de Belgique 1990 (FC Liège)
Qualification des Diables Rouges pour la Coupe du Monde 2002

Standard

▶ **TOMISLAV IVIC (CROATIE)**

Championnat de Yougoslavie 1974, 1975, 1979 (Hajduk Split)
Coupe de Yougoslavie 1972, 1973, 1974, 1976 (Hajduk Split)
Championnat des Pays-Bas 1977 (Ajax)
Championnat de Belgique 1981 (Anderlecht)
Coupe de Turquie 1985 (Galatasaray)
Championnat de Grèce 1986 (Panathinaikos)
Supercoupe de l'UEFA 1987 (Porto)
Coupe Intercontinentale 1987 (Porto)
Championnat du Portugal 1988 (Porto)
Coupe du Portugal 1988 (Porto)
Coupe d'Espagne 1991 (Atletico Madrid)

▶ **ZELJKO MIJAC (CROATIE)**

▶ **JEAN THISSEN**

▶ **HENRI DEPIREUX**

▶ **DOMINIQUE D'ONOFRIO**

Coupe de Belgique 2011 (Standard)

▶ **MICHEL PREUD'HOMME**

Championnat de Belgique 2008 (Standard)
Coupe de Belgique 2010 (Gand)
Supercoupe des Pays-Bas 2010 (Twente)
Coupe des Pays-Bas 2011 (Twente)
Championnat d'Arabie saoudite 2012 (Al Shabab)

Marseille

▶ **TOMISLAV IVIC (CROATIE)**

▶ **JOSÉ ANIGO (FRANCE)**

▶ **ALBERT EMON (FRANCE)**

▶ **ALAIN PERRIN (FRANCE)**

Coupe Intertoto 2001 (Troyes)
Coupe de France 2007 (Sochaux)
Championnat de France 2008 (Lyon)
Coupe de France 2008 (Lyon)

Manchester City

▶ **KEVIN KEEGAN (ANGLETERRE)**

Hambourg

▶ **KLAUS TOPPMÖLLER (ALLEMAGNE)**

▶ **THOMAS DOLL (ALLEMAGNE)**

Coupe Intertoto 2005 (Hambourg)

Bayern Munich

▶ FELIX MAGATH (ALLEMAGNE)

Coupe Intertoto 2002 (Stuttgart)
Championnat d'Allemagne 2005, 2006 (Bayern)
Coupe d'Allemagne 2005, 2006 (Bayern)
Championnat d'Allemagne 2009 (Wolfsburg)

▶ OTTMAR HITZFELD (ALLEMAGNE)

Coupe de Suisse 1985 (Aarau)
Supercoupe de Suisse 1989 (Zurich)
Coupe de Suisse 1989, 1990 (Zurich)
Championnat de Suisse 1990, 1991 (Zurich)
Championnat d'Allemagne 1995, 1996 (Dortmund)
Supercoupe d'Allemagne 1995, 1996 (Dortmund)
Ligue des Champions 1997 (Dortmund)
Championnat d'Allemagne 1999, 2000, 2001, 2003, 2008 (Bayern)
Coupe d'Allemagne 2000, 2003, 2008 (Bayern)
Ligue des Champions 2001 (Bayern)
Coupe Intercontinentale 2001 (Bayern)

▶ JÜRGEN KLINSMANN (ALLEMAGNE)

Gold Cup 2013 (États-Unis)

▶ JUPP HEYNCKES (ALLEMAGNE)

Supercoupe d'Espagne 1997 (Real Madrid)
Ligue des Champions 1998 (Real Madrid)
Championnat d'Allemagne 1989, 1990, 2013 (Bayern)
Supercoupe d'Allemagne 1987, 1990, 2012 (Bayern)
Coupe Intertoto 2003, 2004 (Schalke)
Ligue des Champions 2013 (Bayern)
Coupe d'Allemagne 2013 (Bayern)

▶ LOUIS VAN GAAL (PAYS-BAS)

Coupe des Pays-Bas 1993 (Ajax)
Championnat des Pays-Bas 1994, 1995, 1996 (Ajax)

Supercoupe des Pays-Bas 1993, 1994, 1995 (Ajax)
Coupe de l'UEFA 1992 (Ajax)
Ligue des Champions 1995 (Ajax)
Coupe Intercontinentale 1995 (Ajax)
Supercoupe de l'UEFA 1995 (Ajax)
Supercoupe de l'UEFA 1997 (Barcelone)
Coupe d'Espagne 1998 (Barcelone)
Championnat d'Espagne 1998, 1999 (Barcelone)
Championnat des Pays-Bas 2009 (AZ Alkmaar)
Supercoupe d'Allemagne 2010 (Bayern)
Championnat d'Allemagne 2010 (Bayern)
Coupe d'Allemagne 2010 (Bayern)

▶ PEP GUARDIOLA (ESPAGNE)

Championnat d'Espagne 2009, 2010, 2011 (Barcelone)
Coupe d'Espagne 2009, 2012 (Barcelone)
Supercoupe d'Espagne 2009, 2010, 2011 (Barcelone)
Ligue des Champions 2009, 2011 (Barcelone)
Supercoupe de l'UEFA 2009, 2011 (Barcelone)
Coupe du Monde des clubs 2009, 2011 (Barcelone)
Supercoupe de l'UEFA 2013 (Bayern)
Coupe du Monde des clubs 2013 (Bayern)
Championnat d'Allemagne 2014 (Bayern)
Coupe d'Allemagne 2014 (Bayern)

Équipe nationale

▶ ROBERT WASEIGE

▶ AIMÉ ANTHUENIS

Coupe de Belgique 1998 (Genk)
Championnat de Belgique 1999 (Genk)
Championnat de Belgique 2000, 2001 (Anderlecht)
Supercoupe de Belgique 2000, 2001 (Anderlecht)

▶ RENÉ VANDEREYCKEN

▸ Mes entraîneurs, leur palmarès

▶ FRANKIE VERCAUTEREN

Championnat de Belgique 2006, 2007 (Anderlecht)
Supercoupe de Belgique 2006, 2007 (Anderlecht)
Championnat de Belgique 2011 (Genk)
Supercoupe de Belgique 2011 (Genk)

▶ DICK ADVOCAAT (PAYS-BAS)

Coupe des Pays-Bas 1996 (PSV)
Championnat des Pays-Bas 1997 (PSV)
Supercoupe des Pays-Bas 1996, 1997, 2012 (PSV)
Championnat d'Écosse 1999, 2000 (Glasgow Rangers)
Coupe d'Écosse 1999, 2000 (Glasgow Rangers)
Championnat de Russie 2007 (Saint-Pétersbourg)
Supercoupe de Russie 2008 (Saint-Pétersbourg)
Coupe de l'UEFA 2008 (Saint-Pétersbourg)
Supercoupe de l'UEFA 2008 (Saint-Pétersbourg)

▶ GEORGES LEEKENS

Coupe de Belgique 1985 (Cercle Bruges)
Championnat de Belgique 1990 (Club Bruges)
Supercoupe de Belgique 1990 (Club Bruges)
Coupe de Belgique 1991 (Club Bruges)
Qualification des Diables Rouges pour la Coupe du Monde 1998

▶ MARC WILMOTS

Qualification des Diables Rouges pour la Coupe du Monde 2014

_ Annexe 2
Bio

7 février 1978	Naissance à Chimay
Octobre 1998	Débuts en D1 (Charleroi – Beveren)
Juin 1999	Transfert au Standard
Mai 2000	Finale de Coupe de Belgique (Standard – Genk)
Février 2001	Débuts en équipe nationale (Belgique – Saint-Marin)
Juin 2001	Transfert à Marseille (12 millions)
Novembre 2001	Qualification pour la Coupe du Monde 2002
Juin 2002	4 matches complets à la Coupe du Monde
Mai 2003	Présence dans l'équipe type de Ligue 1
	Présence dans l'équipe européenne de l'année
Septembre 2003	Débuts en Ligue des Champions (Real Madrid – Marseille)
Janvier 2004	Prêt à Manchester City
Juin 2004	Transfert à Hambourg (5 millions)
Août 2005	Coupe Intertoto (Hambourg – Valence)
Mai 2006	Présence dans l'équipe type de Bundesliga
Juin 2006	Transfert au Bayern Munich (10 millions)
Juillet 2007	Coupe de la Ligue (Bayern – Schalke)
Avril 2008	Coupe d'Allemagne (Bayern – Dortmund)
Mai 2008	Championnat d'Allemagne
Mai 2010	Championnat d'Allemagne
	Finale de Ligue des Champions (Bayern – Inter Milan)
	Coupe d'Allemagne (Bayern - Brême)
Août 2010	Supercoupe d'Allemagne (Bayern – Schalke)

Mai 2012	Finale de Coupe d'Allemagne (Bayern – Dortmund)
	Finale de Ligue des Champions (Bayern – Chelsea)
Août 2012	Supercoupe d'Allemagne (Bayern – Dortmund)
Mai 2013	Championnat d'Allemagne
	Ligue des Champions (Bayern – Dortmund)
Juin 2013	Coupe d'Allemagne (Bayern – Stuttgart)
Août 2013	Supercoupe de l'UEFA (Bayern – Chelsea)
Octobre 2013	Qualification pour la Coupe du Monde 2014
Décembre 2013	Coupe du Monde des clubs (Bayern – RAJA Casablanca)
Mai 2014	Championnat d'Allemagne
	Coupe d'Allemagne 2014 (Bayern – Dortmund)

Remerciements

Merci à…

… mes parents, Franz et Renate. Ils m'ont donné la meilleure éducation possible. Je sais que, sans eux, je n'y serais pas arrivé. J'étais prêt à tous les sacrifices, mais si on ne m'avait pas poussé à les faire, je ne les aurais peut-être pas faits ! Le temps que mon père a passé à nous attendre autour des terrains, Alain et moi, c'est impossible à calculer. Même chose pour le temps que ma mère a patienté en attendant à Froidchapelle qu'on revienne des entraînements ou des matches. Plus les années ont passé, mieux je me suis rendu compte de l'amour que je ressens pour eux.

… mon frère, Alain. Il aurait aimé devenir professionnel dans le foot, comme moi. Ça n'a pas marché pour lui mais au lieu de mal vivre ma réussite, il a toujours continué à me booster. Je savais que pour lui, ce n'était pas nécessairement facile à vivre. Il a certainement traversé des moments délicats. Mais il a toujours évité de m'en parler. J'ai abordé spontanément le sujet avec lui, il y a quelques années. Il m'a avoué toute sa fierté d'être mon frère.

… ma femme, Céline. On s'est rencontrés quand je jouais à Charleroi. Entre-temps, elle m'a suivi partout. Elle a abandonné sa famille et son travail pour être avec moi. Vivre avec un sportif professionnel n'est pas toujours simple parce qu'il y a les absences, la pression,… Céline m'a toujours conseillé et elle a la faculté de tout relativiser : les joies, les peines. J'ai vite compris que c'était la femme de ma vie !

… mes enfants, Lou-Ann, Lee-Roy et Ly-Lou. Mon métier m'a privé de beaucoup de bons moments avec eux. J'ai aujourd'hui une grosse envie de vivre à fond une vraie vie de famille. Ils ont bouleversé mon existence, l'amour que je ressens pour eux est indescriptible, notre complicité est fantastique.

… mes beaux-parents, Bernard et Claudine. J'ai quand même pris leur fille pour l'emmener à l'étranger ! Ils m'ont accueilli comme un fils et m'ont constamment soutenu dans mes choix. Dans les moments douloureux, ils étaient encore plus présents. J'ai aussi une pensée pour Christel et Cindy, les sœurs de Céline.

… ma famille plus lointaine, et particulièrement mon cousin Michaël Van Buyten. Il a lui aussi été un soutien primordial pendant tout mon parcours.

… mon meilleur ami d'enfance, Jean-Baptiste Marlier. Il est un peu plus âgé que moi, et quand on s'entraînait ensemble, je cherchais toujours à rivaliser. Sans le vouloir, peut-être, il m'a poussé vers mes limites.

… mon agent, Christophe Henrotay. Il est devenu un ami précieux pour la vie. Sans son sérieux, son professionnalisme, je n'aurais peut-être pas fait la même carrière.

Merci aussi à

Géraldine Henry (responsable d'édition Renaissance du Livre)
Joëlle Reeners (directrice opérationnelle Renaissance du Livre)
Josiane Dostie (éditrice Renaissance du Livre)
Marc Wilmots (coach des Diables Rouges)
Stefan Van Loock (responsable presse Union Belge)
Karl-Heinz Rummenigge (CEO Bayern Munich)
Hans-Peter Renner (responsable presse Bayern Munich)
Christian Marteleur (Reporters)
Christophe Cheniaux
Fabrice Louette

▸ Remerciements

L'auteur remercie

Françoise, Robert, Stéphane et Vincent Danvoye pour la relecture
Marie, Emilie, Martin et Charlie Danvoye pour le soutien

Crédits photographiques

Reporters
Collection privée de la famille Van Buyten
Collection privée de la famille Marlier

Daniel et sa maman. « Elle allait se lancer dans le mannequinat en Allemagne, elle a tout plaqué pour s'installer à Froidchapelle. » (1978)

Daniel (à gauche) et son frère Alain. (1981)

École maternelle de Froidchapelle. Daniel est le sixième élève de la rangée du bas, en partant de la gauche. (1983)

Rentrée des classes pour Alain et Daniel (à droite). (1986)

Un environnement modeste mais « une enfance heureuse ». (1988)

École primaire de Froidchapelle. Daniel est le troisième debout, en partant de la gauche.
(1989)

Daniel (accroupi, deuxième à partir de la gauche) et Alain (debout, quatrième) dans leur premier club, Froidchapelle.
(1990)

Olympic Charleroi. Daniel (debout, quatrième à partir de la gauche), Alain (debout, cinquième) et Georges De Coster (accroupi, en bleu), un coach qui a joué un rôle énorme pour eux.
(1992)

Auvelais. Alain (debout, troisième à partir de la gauche), Daniel (accroupi, deuxième), leur père Frans (délégué, à l'extrême gauche) et leur coach Georges De Coster (à l'extrême droite).
(1993)

Deux ans et une trentaine de centimètres séparent ces deux photos prises à Somzée. Sur la première, Daniel (accroupi, quatrième à partir de la gauche) continue à ne pas grandir, il reste le seul petit gabarit de la famille. Sur la deuxième (debout, quatrième à partir de la gauche), on voit qu'il a rattrapé son frère Alain (debout, avant-dernier en partant de la gauche).
(1994 et 1996)

Une ancêtre pour apprendre à conduire dans la prairie familiale où Daniel (sur le toit) et Alain ont aussi appris à jouer au foot et à souffrir.
(1994)

Froidchapelle. Alain (debout, cinquième à partir de la gauche) et Daniel (accroupi, deuxième) sont rentrés dans leur premier club et jouent en équipe Première.
(1995)

« Le petit môme de Froidchapelle a soulevé la Ligue des Champions avec le meilleur club du monde. » (1995)

Daniel (accroupi, deuxième à partir de la gauche) aux Aumôniers du Travail, à Charleroi, où il suit une spécialisation en électronique et mécanique. « Je passais deux jours par semaine en entreprise. J'ai vite compris que si je devais faire ma vie dans un bureau, je serais terriblement malheureux. » (1997)

« Dante Brogno est l'icône de Charleroi, je suis fier qu'il se préoccupe de moi. » (1999)

« Mon père, c'est mon dieu. » (1999)

Avec le maillot du Standard pour des retrouvailles avec Charleroi et Sergio Rojas. (1999)

Un Charleroi – Standard très spécial : Dante Brogno joue son tout dernier match pro. (2001)

Glasgow : deuxième match chez les Diables, premier but et l'affection de Marc Wilmots. (2001)

Une tour dans Marseille – Sedan. « Et dire que dans les équipes d'âge, j'étais systématiquement le plus petit. J'ai eu une croissance tardive. » (2001)

« Le foot à Marseille, la vie à Cassis, c'était le paradis. »
(2001)

Réception au palais royal au retour du Japon, avec Marc et Katrien Wilmots.
(2002)

« Les conditions de jeu à la Coupe du Monde au Japon étaient délicates. Je ne supportais pas la chaleur et l'humidité, je perdais entre trois et cinq kilos par match. »
(2002)

Bilan perso du Mondial : 100 % de temps de jeu et un gros match face au Brésil, futur champion. Ici, un duel avec le Russe Viktor Onopko. (2002)

On ne communique plus, on se gêne, on fait n'importe quoi : un symbole du début de la descente aux enfers de l'équipe belge (avec Philippe Clément contre la Bulgarie). « Et il y a tous les dérapages au niveau de la discipline. Certains jours, je ne crois pas ce que je vois. »
(2003)

Premier match en Ligue des Champions. Contre le Real Madrid de Ronaldo.
(2003)

« Quand je mets les mains derrière les oreilles après avoir marqué, je sens que ça plaît, ça emballe le stade. À Marseille, ma communion avec le public est fantastique. »
(2003)

Découverte de City – United, le derby de Manchester, ici avec Ruud van Nistelrooy. « Je n'étais pas prêt pour aller en Angleterre. Ma tête était restée à Marseille. » (2004)

Deux ans à Hambourg et un bulletin nickel : capitaine, seul joueur de champ de la Bundesliga à ne pas rater une minute, présence dans l'équipe type de la saison, retour du club en Ligue des Champions. (2004)

« Je parlais la langue quand je suis arrivé en Allemagne, ça a été un avantage énorme. » (2006)

Première saison au Bayern, deux buts contre Milan à San Siro. À la réception d'après-match, ils sont tous dingues, se lèvent et applaudissent : Uli Hoeness, Karl-Heinz Rummenigge, Franz Beckenbauer. (2007)

Le brassard d'un côté,
Cristiano Ronaldo de l'autre :
rien n'est simple.
(2007)

Avec Kevin Mirallas, une amitié qui va plus loin que le foot. (2009)

Deux buts contre la Slovénie, victoire 2-0. « J'ai rapporté plus de points aux Diables que j'en ai coûté. » (2009)

Avec Céline et un nouveau trophée : la Coupe d'Allemagne. (2010)

Tout est dans le titre.
(2010)

Un duel d'hommes avec le Roumain Vlad Chiriches.
(2011)

« Ma relation avec la presse a parfois été compliquée mais je me suis toujours senti soutenu par les supporters belges. Flamands comme Wallons. »
(2011)

« Je dois avoir pris cinq cents fois l'avion. » (2012)

Chelsea vient voler la Ligue des Champions à Munich. « Le jour le plus noir de ma carrière. On pleurait tous dans le vestiaire. Je voulais arrêter le foot. »
(2012)

Gros boulot physique en stage d'hiver, avec Mario Mandzukic et Dante.
(2012)

Avec Dante face à la Juventus. Un parcours tranquille vers une nouvelle finale de Ligue des Champions.
(2013)

Victoire 0-3 à Barcelone (ici David Villa) devant 95.000 personnes. « Une démonstration, un des matches les plus marquants de ma vie. »
(2013)

« Quelques heures avant la finale contre Dortmund, je me suis isolé dans ma chambre, j'ai pris un t-shirt et un marqueur. Personne n'était au courant. Je savais que si on gagnait, cette photo passerait dans toute l'Europe. Il n'y a pas d'âge pour dire à ses parents qu'on les adore. »
(2013)

Une complicité très forte avec Jupp Heynckes, le coach qui signe un triplé historique : championnat, Coupe d'Allemagne, Ligue des Champions.
(2013)

La génération Wilmots sur la route du Brésil. (2013)

C'est dans la poche. Une deuxième Coupe du Monde, douze ans plus tard.
(2013)

« Franck Ribéry me parle en ch'ti, je lui réponds en wallon, les autres gars du Bayern qui parlent un peu français ne comprennent rien… »
(2013)

Séance maquillage avant un shooting photos pour le catalogue du Bayern.
(2013)

La hargne, la fin des frustrations.
(2013)

Sur papier glacé dans le catalogue du Bayern, la pub donne ceci... (2013)

L'Oktoberfest à Munich en famille, un grand classique. (2013)

« J'ai été choqué quand un gamin m'a dit : "Mais tu es sympa, toi. Ça fait des années que j'avais envie de venir te parler mais je n'ai jamais osé. Tu me faisais trop peur." Quelle claque ! Mais je peux comprendre. Je ne vais pas spontanément vers les gens, j'ai le regard songeur, je fronce facilement les sourcils et ma taille impressionne. » (2013)

Lee-Roy, Lou-Ann… (2013)

Le look Big Dan : élastique dans les cheveux, manches courtes, chaussettes hautes. « Je voulais une griffe, une marque de fabrique. » (2014)

« Peu de gens sont conscients des efforts que j'ai faits, de tous mes sacrifices pour y arriver. On ne m'a rien donné, je n'ai rien volé ! »
(2014)

Souffrir pour être bon…
(2014)

Coupe de la Ligue 2007.
(2007)

Supercoupe d'Allemagne 2010, 2012. (2012)

Supercoupe de l'UEFA 2013.
(2013)

Coupe du Monde des clubs 2013.
(2013)

Coupe d'Allemagne 2008, 2010, 2013, 2014.
(2013)

Championnat d'Allemagne 2008, 2010, 2013, 2014.
(2013)

Ligue des Champions 2013. (2013)

Huit saisons au Bayern et le plus beau palmarès du football belge ! (2014)

ACHEVÉ D'IMPRIMER EN MAI 2014
SUR LES PRESSES DE L'IMPRIMERIE V.D. (TEMSE)